일상 속의 '철학'을
3시간 만에
배우는 책

ZUKAI MIDIKA NI AFURERU "TETSUGAKU" GA 3JIKANDE WAKARU HON
© HITOSHI OGAWA 2025
Originally published in Japan in 2025 by ASUKA PUBLISHING INC.,TOKYO.
Korean Characters translation rights arranged with ASUKA PUBLISHING INC.
TOKYO, through TOHAN CORPORATION, TOKYO and Danny Hong Agency,
SEOUL.

이 책의 한국어판 저작권은 대니홍 에이전시를 통한 저작권사와의 독점 계약으로
㈜새로운제안에 있습니다. 저작권법에 의해 한국 내에서 보호를 받는 저작물이므로
무단전재와 복제를 금합니다.

일상 속의 '철학'을
3시간 만에
배우는 책

초판 1쇄 인쇄 2026년 1월 5일
초판 1쇄 발행 2026년 1월 12일

지은이 오가와 히토시
옮긴이 한시희
펴낸이 이종두
펴낸곳 ㈜새로운 제안

책임편집 염진영
디자인 보통스튜디오
영업 문성빈, 김남권, 조용훈
경영지원 예정민, 김효선

주소 경기도 부천시 조마루로385번길 122 삼보테크노타워 2002호
홈페이지 www.jean.co.kr
쇼핑몰 www.baek2.kr(백두도서쇼핑몰)
SNS 인스타그램(@newjeanbook), 페이스북(@srwjean)
이메일 newjeanbook@naver.com
전화 032) 719-8041
팩스 032) 719-8042
등록 2005년 12월 22일 제386-3010000251002005000320호

ISBN 978-39-5533-674-0 (03100)

※이 책은 저작권법에 따라 보호를 받는 저작물이므로 무단 전재 및 복제를 금하며, 이 책의 전부 또는 일부
  내용을 이용하려면 반드시 저작권자와 ㈜새로운 제안의 동의를 받아야 합니다.
※잘못 만들어진 책은 구입하신 서점에서 바꾸어드립니다.
※책값은 뒤표지에 있습니다.

나도 모르게 누군가에게
이야기하고 싶어지는

일상 속의 '철학'을
3시간 만에
배우는 책

오가와 히토시 지음
한세희 옮김

새로운제안

들어가기

평범한 일상을 두근거리는 날로 바꾸자!

우리가 보내는 평범한 일상은 매일 똑같아 보이지만, 사소한 순간에도 흥미로운 일들이 가득합니다. 만약 그렇게 느껴지지 않는다면 그냥 우리가 그것을 알아차리지 못하고 있을 뿐입니다.

곰곰이 생각해 봅시다. 매일 가는 편의점, 틈날 때마다 확인하는 SNS, 아니면 오늘 아침 타이밍을 놓쳐서 빨간 신호어 걸리는 바람에 길을 건너지 못했던 일…

사실 모든 일은 자극으로 가득하고, 그 안에는 깊은 의미가 있습니다. 그 의미를 깨닫게 도와주는 것이 철학입니다.

이렇게 설명하면 '어, 철학?'이라며 많이들 놀랍니다. 우리가 살면서 가장 인연이 없을 듯한 학문이기 때문입니다. 그런데 꼭 그렇지는 않습니다.

언뜻 상관없어 보이는 철학은 사실, 우리 주변에 가득합니다.

여기에서 말하는 철학은 어려운 이론이나 추상적인 인생관이 아닙니다. 그보다는 **사물을 다른 관점으로 보는 방법**을 말합니다.

누구나 한 번쯤은 이름을 들어본 적 있는 소크라테스나 니체 같은 위대한 철학자는 사물을 평소와는 다른 관점으로 보는 방법을 제안한 사람들입니다.

반면, 정작 우리는 아무렇지도 않게, 모든 것을 당연하게 여기며 살아갑니다. 그러면 소중한 것, 재미있는 것을 놓치게 됩니다.

편의점에서 상품을 고를 때나 SNS에서 '좋아요'를 기대할 때, 혹은 빨간불 때문에 건너지 못해 짜증이 날 때조차 우리는 그것을 당연한 일로 여깁니다.

그러나 **이 세상에는 당연한 것은 하나도 없습니다.**

관점을 조금만 바꿔도 모든 일에 의미가 있다는 사실을 깨닫습니다. 그 이치를 알면 **의미가 바뀔 뿐만 아니라, 우리의 인생 그 자체의 의미도 바뀌기 시작**합니다.

그렇습니다. 철학의 위대함은 생각을 조금만 달리해도 인생을 바꿀 힘이 있다는 점입니다. 거창한 훈련이나 돈은 필요하지 않습니다.

이 책은 이러한 철학을 활용하는 방법을 약 세 시간 안에 배울 수 있도록 가벼운 마음으로 읽는 교양서입니다.

누구나 한 번은 겪어본 평범한 일상 속 에피소드. 여기에 여러분의 인생을 바꿀 힌트를 담았습니다.

평범한 일상이 두근거리는 날로 바뀌는 계기가 된다면, 더없이 기쁠 것입니다

철학자 오가와 히토시

이 책을 읽는 방법

　총 38개의 항목은 누구나 경험하는 일상의 한 장면에서 시작합니다. 대부분 우리 주변에서 볼 수 있는 장면입니다. 다양한 상황마다 철학자의 관점을 섞어서, 철학적인 사고방식을 자연스럽게 배울 수 있도록 했습니다.
　그러면, 낯익은 풍경이 완전히 달리 보일 것입니다. 당연하다고 생각했던 일이 당연하지 않았다는 '발견의 순간'과 마주할 수 있습니다.
　그 순간, 여러분은 철학적 관점에서 '새로운 문'을 연 셈입니다.
　또한 각 항목의 마지막에는 그 항목에서 얻은 사고의 핵심을 담은 'The Keys to Thinking'을 넣었습니다.
　38개의 열쇠를 모두 모은 여러분의 손에는 인생의 여러 문을 열 수 있는 '열쇠 꾸러미'가 있을 것입니다.

♦ 이 책의 구성

이 책은 어떤 항목부터 읽어도 즐길 수 있도록 구성했습니다.

지금 당장, 고민이 있는 분은 목차를 살펴보고 관심이 가는 질문부터 읽어보면 어떨까요.

특별히 고민은 없지만, 어떤 새로운 발견을 하고 싶은 분이라면, 우연히 열어본 페이지부터 읽어보는 것도 추천합니다.

진지하게 나를 바꾸고 싶은 분은 제1장부터 순서대로 조금씩 읽어코십시오.

어떤 항목을 읽어도 반드시 깨달음을 얻을 수 있습니다. 그러면 여러분의 사고는 확실히 바뀔 것입니다.

♦ 깊이 있는 독서를 위해

이 책을 읽으면서 여러분이 이제까지 경험한 것을 꼭 떠올려 보길 바랍니다. 또는, 그때 고민했던 인간관계를 대입해 보길 바랍니다.

철학은 추상적인 학문이 아니라, 여러분의 인생 그 자체입니다.

또한, 솔직하게 받아들이면서 때로는 '정말로 그럴까?'라고 의심해 보는 것도 중요합니다.

철학자의 말은 절대적인 진리가 아닙니다. 여러분의 생각을 돕는 계기에 불과합니다.

그리고 읽은 것을 실제로 실천하는 것이 중요합니다. 오늘 밤

식탁에서, 내일 출근하는 전철 안에서, 주말에 쇼핑할 때 등 다양한 상황에 대입해 봅시다. 일상은 철학의 실험 장소입니다.

어떤 순서로 읽어도 모든 문은 열려있습니다. 그 문들은 언제나 여러분의 일상과 닿아 있습니다.

그러면, 시작해 봅시다!

목차

들어가기　　　　　　　　　　　　　　　　　　　4
이 책을 읽는 방법　　　　　　　　　　　　　　7

제 1 장
똑같은 풍경을 다른 관점으로
─선택과 발견으로 가득한 철학

평소와 똑같이 참치마요를 고르는 나, 습관의 노예?
1-1 편의점 상품 진열대에서 생각하는 '선택의 자유와 결단의 불안'
장 폴 사르트르, Jean-Paul Sartre　　　　　　　　　　　　　　　　19

나는 이대로 괜찮을까?'라는 생각이 들 때, 우리는 어떻게 해야 할까?
1-2 출근길 전철 안, 창문에 비친 '존재와 시간'의 관계
마르틴 하이데거, Martin Heidegger　　　　　　　　　　　　　　26

잠들기 전 스마트폰을 그만둘 수 없는 나의 정체는?
1-3 스마트폰을 바라보는 나를 통해, '나는 누구인가'를 생각해 본다
르네 데카르트, René Descartes　　　　　　　　　　　　　　　　33

사진 속의 내가 다른 사람으로 보이는 진짜 이유는?
1-4 거울에 비치는 나를 보고 생각하는 '인상과 관념의 차이'
데이비드 흄, David Hume　　　　　　　　　　　　　　　　　　40

좋은 인간관계를 만들기 위해, 지금 내가 할 수 있는 일은 무엇일까?
1-5 별거 아닌 맞장구를 치며 생각하는 '상호승인론'
G·W·F 헤겔, Georg Wilhelm Friedrich Hegel　　　　　　　　　47

GPS 시대에 미아가 되는 나, 어쩌면 행복한 사람?
1-6 길을 잃어버린 순간 생각하는 '선험적 형식으로서의 공간'
임마누엘 칸트, Immanuel Kant　　　　　　　　　　　　　　　　　54

강수확률 40%에 우산을 챙기는 나, 걱정이 많은 편? 아니면 준비성이 좋은 편?
1-7 흐린 날에 우산을 챙기면서 생각하는 '도박과 확률적 사고'
블레즈 파스칼, Blaise Pascal　　　　　　　　　　　　　　　　　　61

지금 나는 정말로 깨어있는 것일까? 아니면 꿈속일까?
1-8 꿈과 현실의 경계에서 성찰하는 '나비의 꿈'
장자, 莊子　　　　　　　　　　　　　　　　　　　　　　　　　　68

COLUMN 1 철학으로 만드는 나의 설명서　　　　　　　　　　　　74

제 2 장
타인과 나 사이의 경계를 다시 정립하기
── 인간관계에 가득한 철학

유일무이한 나는 어떻게 만들 수 있을까?
2-1 SNS에서 받은 '좋아요'에서 생각하는 '승인 욕구로부터의 자유'
알프레드 아들러, Alfred Adler　　　　　　　　　　　　　　　　　79

온라인 회의에서 마음이 통하는 비결은?
2-2 온라인 회의의 침묵에서 생각하는 '공존재로서의 인간'
마르틴 하이데거, Martin Heidegger　　　　　　　　　　　　　　　86

읽고 무시당하면, 왜 기분이 나쁠까?
2-3 애인에게서 오지 않는 답장을 보고 생각하는 '연에서의 결여와 충족'
플라톤, Platon　　　　　　　　　　　　　　　　　　　　　　　　92

왜, 혼자 먹는 밥은 맛없을까?
2-4 가족이 함께하는 식탁에서 생각하는 '공동체의 안에서의 최고의 선'
아리스토텔레스, Aristoteles　　　　　　　　　　　　　　　　　　99

싸운 후에 전보다 훨씬 사이가 좋아지는 이유는?
2-5 **친구와의 다툼을 통해 생각해 본 '변증법적 발전'**
G·W·F 헤겔, Georg Wilhelm Friedrich Hegel   106

왜 반려견의 감정은 말이 아니어도 전달될까?
2-6 **반려견과 교감하며 생각하는 '공감의 도덕 감정론'**
데이비드 흄, David hume   113

상대방에게 감사의 마음을 잘 전하려면?
2-7 **'고맙습니다' 이 한마디로 생각하는 '인(仁)과 예(禮)'**
공자孔子   119

배려석에서 자는 척하는 나는 나쁜 사람일까?
2-8 **전철의 배려석에 앉아 생각하는 '자유와 타인 위해의 원리'**
존 스튜어트 밀, J·S Mill   126

COLUMN 2 '인간관계의 거리감' 배우기   132

제 3 장

환경에 얽매이지 않는 삶을 사는 법
— 소유와 소비에 가득한 철학

내가 기른 이 채소는 정말 내 것일까?
3-1 **공동 텃밭에서 생각하는 '소유권과 자연권'**
존 로크, John Locke   137

왜 이렇게 스마트폰에 휘둘릴까?
3-2 **고장 난 스마트폰을 보고 생각하는 '물상화와 소외'**
칼 마르크스, Karl Marx   144

현금이 없는데 어떻게 돈이 있다고 믿을 수 있을까?
3-3 **현금 없는 결제를 하며 생각하는 '가치의 전환'**
프리드리히 니체, Friedrich Nietzsche   151

불필요한 물건과 작별하는 비결은?
3-4 정리 정돈을 하며 생각하는 '쾌락주의적인 행복관'
에피쿠로스, Epicurus　　　　　　　　　　　　　　　　　　　　　　　157

그렇다면 '올바른 말'이란 뭘까?
3-5 스탬프와 유행어로 생각하는 '언어 게임'
루트비히 비트겐슈타인, Ludwig Wittgenstein　　　　　　　　　　　　164

광고 글이나 목소리가 큰 사람의 말에 속지 않는 비결은?
3-6 AI의 진화로 생각하는 '지식의 진보와 우상'
프랜시스 베이컨, Francis Bacon　　　　　　　　　　　　　　　　　　169

디지털 디톡스를 하면 보이는 것은?
3-7 깊은 산 속 온천에서 생각하는 '무위자연(無爲自然)'
노자, 老子　　　　　　　　　　　　　　　　　　　　　　　　　　　176

COLUMN 3 단순한 정리에서 출발한 '비워냄'의 길　　　　　　　　　183

제 4 장
나의 버릇을 객관적으로 보기
—의지와 습관에 가득한 철학

다시 잠에 드는 유혹에 빠지지 않는 비결은?
4-1 아침에 시계 알람 소리를 멈추는 순간부터 생각하는 '의지와 표상'
아르투어 쇼펜하우어, Arthur Schopenhauer　　　　　　　　　　　　　189

신입사원을 원칙대로 가르치면 발전이 없다?
4-2 신입사원의 성장이 더딜 때 생각하는 '경험주의와 탐구'
존 듀이, John Dewey　　　　　　　　　　　　　　　　　　　　　　195

생각은 머릿속에서만 하는 것이 아니다?
4-3 음악을 들으면서 걸을 때 생각하는 '의식의 흐름'
윌리엄 제임스, William James　　　　　　　　　　　　　　　　　　　201

모르는 건 창피한 일이 아니다?

4-4 아는 척했을 때 생각하는 '무지의 지(知)'
소크라테스, Socrates   208

인생은 L-이와 상관없이 가능성으로 가득하다?

4-5 게임의 리셋 기능으로 생각하는 '가능성과 현실태'
아리스토텔레스, Aristoteles   215

상처를 받아 회복이 어려울 때는 어떻게 생각하면 좋을까?

4-6 모든 것을 받아들일 때 생각하는 '신즉자연(神即自然)'
바뤼흐 드 스피노자, Baruch de Spinoza   222

'꺾이지 않는 마음'을 갖는 비결은?

4-7 불합리한 요구를 받았을 때 생각하는 '의무와 운명애(Amor Fati)'
마르쿠스 아우렐리우스, Marcus Aurelius   229

COLUMN 4 철학으로 가득한 '일과표'를 만들자   236

제 5 장

사람들과 잘 지내기 위해서
—조직과 사회에 가득한 철학

'군중'에 휩쓸리지 않으려면 필요한 마음가짐은?

5-1 빨간 신호를 함께 건너며 생각하는 '군중과 단독자'
쇠렌 키르케고르, Søren Kierkegaard   241

민주주의의 본질은 귀찮음 속에 있다?

5-2 동네 반상회에서 생각해 보는 '일반 의지와 사회계약'
장 자크 루소, Jean-Jacques Rousseau   248

우리는 자발적으로 권력을 따르는 행동을 한다?

5-3 건강 검진을 받을 때 생각하는 '규율 권력'
미셸 푸코, Michel Foucault   255

수많은 광고는 내 안의 '진정한 동기'를 반영한 것?
5-4 광고를 보고 마음이 움직일 때 생각하는 '무의식과 리비도'
지그문트 프로이트, Sigmund Freud 262

이해타산과 타인에 대한 배려가 공존한다고?
5-5 마트의 특가 세일 날에 생각하는 '보이지 않는 손과 공감'
애덤 스미스, Adam Smith 269

'음모론'에 지혜롭게 맞서는 방법은?
5-6 가짜 동영상을 보았을 때 생각하는 '반증 가능성(falsifiability)'
칼 포퍼, Karl Popper 275

가장 위험한 사람은 '생각하지 않는 사람'이다?
5-7 누구나 할 수 있는 일을 하며 생각하는 '악의 평범함'
한나 아렌트, Hannah Arendt 282

존엄성을 되찾으려면, 먼저 '보잘것없는 나'를 인정해야 한다?
5-8 우주여행을 동경하며 생각하는 '숭고의 감정'
임마누엘 칸트, Immanuel Kant 289

COLUMN 5 철학을 하는 시민이 되자 296

이 책에 등장하는 철학자 300

1장

똑같은 풍경을
다른 관점으로

―선택과 발견으로 가득한 철학

오늘 아침, 여러분은 몇 번의 '선택'을 했습니까?
알람을 끌까, 다시 잠들까, 오늘은 어떤 옷을 입고 무엇을 먹을까?
한 보고서에 따르면 우리는 하루에 약 3만 번이 넘는
선택을 한다고 합니다.
그러나 대부분의 사람은 알게 모르게 '늘 똑같은 선택'을
반복합니다.
애초에 '선택은 내가 했다'라는 말은 맞을까요?
이번 장에서는 익숙한 일상을 '처음 보는' 것처럼
다시 들여다보겠습니다.
편의점의 삼각김밥 진열대나 아침 출근 전철,
그리고 거울에 비치는 내 얼굴까지.
거기에는 철학의 문이 숨어 있습니다.
'당연함'이라는 고정관념에서 벗어나 봅시다.
그러면 분명, 완전히 다른 세계가 보일 것입니다.

평소와 똑같이 참치마요를 고르는 나, 습관의 노예?

 **편의점 상품 진열대에서 생각하는 '선택의 자유와 결단의 불안'**

장 폴 사르트르 Jean-Paul Sartre, 1905~1980

◯ 매일 가는 편의점, 진열대 앞에서 고민하는 나

상상해 봅시다. 퇴근 후 집으로 돌아오는 길에 언제나처럼 편의점에 들른 여러분. 허기를 채우려 삼각김밥 코너로 향합니다. 진열대에는 인기 상품이 늘어서 있습니다. 참치마요, 연어, 매실, 명란. 최근 판매하기 시작한 신제품도 눈에 들어옵니다.

'오늘은 뭘 먹어볼까?'

가벼운 마음으로 살펴보다가 불현듯 갈등이 시작됩니다.

'참치마요가 맛은 있지. 그런데 이번 주에만 세 번이나 먹었네. 연어는 몸에 좋지만, 어쩐지 오늘따라 당기지 않고. 신제품인 로스트비프 롤? 맛은 있어 보이는데 가격이 좀 비싼데, 입에 안 맞으면 돈이 아까울 텐데…'

정신을 차려보니, 진열대 앞에서 꽤 오랜 시간 머물러 있었습니다. 그런데 뒤이어 등장한 회사원이 삼각김밥을 집어서 곧바로 계산대로 가는 모습을 보니, 망설이는 내 모습에 조금 화가 납니다. 결국, 무난한 참치마요를 들고 계산대로 향합니다. 하지만 내심 '또 똑같은 걸 골랐네'하는 약간의 아쉬움이 남습니다.

이러한 경험은 분명 누구에게나 있을 것입니다.

그런데, 이 일은 단지 '우유부단'해서 생긴 것일까요? 사실, 그렇지 않습니다. 이 별거 아닌 일상생활 속의 한 장면에도 우리 인간이란 존재가 무엇인지 생각하게 만드는 힌트가 숨어 있습니다.

사르트르가 본 자유라는 현실

20세기 프랑스 철학자 장 폴 사르트르. 그는 '실존주의'라는 사상을 내세워 인간의 본질을 탐구했습니다. 그의 가장 유명한 말은 '실존은 본질에 앞선다 l'existence précède l'essence'입니다.

어려운 말처럼 들리지만 핵심은 이렇습니다.

'인간은 태어날 때부터 《이렇게 될 운명》이라고 정해져 있지 않다. 스스로 선택하고 행동하는 과정을 통해 《나》를 만들어 갈 수 있다'

편의점의 삼각김밥 진열대를 떠올려 봅시다. 이 진열대는 달리 말하면 '가능성의 장소'입니다. 참치마요를 선택할지, 연어를 선택할지, 아니면 신제품에 도전할 것인지.

그 선택 하나하나가, 사실 '오늘의 나'를 만들었습니다.

사르트르는 우리 인간은 '자유라는 형벌을 받는다'라고 말했습니다.

조금 어려운 표현이지만, 핵심을 잘 담았습니다. 신이나 운명이 '너는 참치마요를 먹어라'라고 정해주지 않았습니다. 모든 일은 스스로 결정해야 합니다. **이러한 '선택의 상황'은 인간이라면 피할 수 없는 필연적인 조건**입니다.

그리고 그 자유는 반드시 '불안angoisse'을 동반합니다. 진열대 앞에서 느끼는 그 망설임, 바로 그것이 사르트르가 말하는 **'실존적 불안'**입니다.

○ 왜, 우리는 삼각김밥 하나에도 고민하는가?

'삼각김밥 하나 고르는 일을 인생에 비유하다니, 좀 지나치지 않나?'

이렇게 생각할지도 모릅니다. 하지만, 우리가 진열대 앞에서 느끼는 망설임의 정체가 무엇인지 생각해 봅시다.

그 망설임은 '선택한 결과를 스스로 받아들여야 한다'라는 사실에서 시작됩니다. 신제품을 선택했는데 맛이 없다면? 그 결과는 누구의 책임도 아닌, 결국 자신의 선택에서 비롯된 것입니다. 그러니 우리는 실패를 피하려 '항상 같은 것'을 선택합니다.

한편, 사르트르는 이 불안에서 도망치는 것을 **'자기기만'**이라고 했습니다. '항상 먹는 참치 마요'를 선택함으로써 안정감을 얻으려는 행동은 자유를 회피하는 일일 뿐입니다.

　사실, 다른 선택도 할 수 있었지만 '뭐, 이것도 괜찮지'라며 자신을 속입니다.

　제2차 세계대전을 경험하고 레지스탕스 활동도 했던 사르트르. 그에게 '선택'은 때로는 생사를 가르는 문제였습니다. 그래서 그는 일상 속 사소한 선택에서 인간의 본질이 드러난다고 생각했습니다.

◌ 불안을 힘으로 바꾸는 힌트

이 사르트르의 관점을 오늘날의 우리는 어떻게 활용할 수 있을까요? 철학은 '지식'이 아닌 '실천'입니다. 특히 일을 할 때 끊임없는 선택의 기로에 서게 됩니다. 그때 느끼는 불안을 긍정적인 힘으로 바꾸는 방법을 소개하겠습니다.

　우선, 프로젝트의 방향성이 고민이라면 선택지의 장단점을 정리해 보기를 추천합니다. 막연한 불안은 말로 표현하면 훨씬 잘 해소할 수 있습니다. 이것을 사르트르의 말을 빌려 표현하면 **'책임의 자각'**입니다. 나의 책임이 무엇인지 명확히 정리하면 스스로 충분히 납득할 수 있는 결정을 내릴 수 있습니다.

　다음은 일상에서 '작은 모험'을 해보는 것입니다. 내일 점심은 항상 가던 곳이 아닌 다른 가게에 가보기, 편의점에서 일부러 신제품을 선택하기… 이러한 일상의 작은 선택을 반복하면 결단력을 기를 수 있습니다. 실패해도 좋습니다. 이 또한, '나를 만드는' 경험 중 하나이기 때문입니다.

　그리고 중요한 건, 혼자서 불안을 다 끌어안지 않는 것입니다. 흔히 실존주의는 고독한 철학이라고 생각하지만, 사르트르는 다른 사람과의 관계도 중요하게 여겼습니다. 팀에서 중요한 결단을 내릴 때, "솔직히 고민된다"라고 말해 봅시다. 그렇게 말하는 순간, 불안함은 건설적인 대화로 바뀔 것입니다.

○ 오늘부터 시작하는 여러분의 '실존'

이제부터 편의점에서 삼각김밥을 고를 때 이 이야기를 떠올려 봅시다. 진열대 앞에서 한창 고민에 빠져 있을 때, 여러분은 분명히 '존재'합니다.

불안을 느낀다는 건, 여러분이 자유라는 증거입니다. 그 자유를 활용해 오늘과 인생을 만들어 가고 있습니다.

고작 삼각김밥일 뿐이지만, 얕잡아 볼 수 없는 소중한 삼각김밥입니다. 철학은 이렇게 우리 주변의 가까운 곳에서 시작합니다.

자, 오늘의 여러분은 어떤 선택을 하겠습니까?

(The Keys to Thinking)

자유가 불러온 불안을 받아들였을 때,
비로소 인생을 스스로 개척할 수 있다.

'나는 이대로 괜찮을까?'라는 생각이 들 때,
우리는 어떻게 해야 할까?

출근길 전철 안, 창문에 비친 '존재와 시간'의 관계

마르틴 하이데거 Martin Heidegger, 1889~1976

◯ 흔들리는 전철 안에서 멍하니 바라보는 풍경

덜컹거리는 만원 전철 안에서 손잡이를 잡고 서 있는 여러분. 전철이 출발하자, 창문 너머 익숙한 풍경이 천천히 흐릅니다.

고가선로에서 내려다보는 주택가, 건널목에서 기다리고 있는 자동차 행렬, 전철 플랫폼으로 서둘러 걸어 들어오는 사람들.

'아, 매일 보는 저 아파트. 오늘도 같은 시간에 지나가네'
'저 교차로, 어제는 공사 중이었는데, 이제 끝났나 보네'
매일 같은 시간에 같은 장소를 지나가지만, 조금씩 다르게 보이는 풍경. 어제와 오늘, 어디가 달라졌을까요?
'오늘은 두 번 다시 오지 않아'
'다음 주 이 시간에도 분명 똑같이 이곳에 서 있겠지'

달리는 만원 전철 안, 이렇게 '멍하니 있는 시간'은 의외로 마음을 차분하게 해줍니다.

그런데 가끔은 약간 불안합니다. '이렇게 똑같은 일상이 언제까지 이어질까?', '정말 이렇게 지내도 괜찮을까?'라고 말입니다.

사실, 이 전철 창문의 풍경과 그 풍경을 보고 느끼는 미묘한 위화감. 그 감정이 바로, 우리의 '존재'를 깊이 성찰하게 만드는 계기가 됩니다.

하이데거가 발견한 '일상'의 신비함

20세기 독일의 철학자 마르틴 하이데거. 그는 《존재와 시간Sein und Zeit》이라는 유명한 저서에서 '애초에 존재한다는 건 어떤 의미인가'라는 근본적인 질문을 했습니다.

상당히 어려운 문제로 느껴지지만 사실 매우 간단한 질문입니다. 책상이나 의자는 단순히 '존재'할 뿐이지만, 사람은 다릅니다. **우리는 '여기에 있다는 사실을 의식하는'** 존재입니다. 하이데거는 이를 '현존재Dasein'라고 불렀습니다.

출근 길 전철의 일화를 떠올려 봅시다. 창문에서 흐르는 풍경을 보고 있을 때 여러분은 단순히 '보고 있는' 상태가 아닙니다. 과거어제 본 똑같은 풍경를 떠올리고, 현재지금 이 순간를 느끼고, 미래다음 역에서 내릴 것를 예상합니다. 이 세 가지 시간이 섞여 '지금 여기 있는 나'가 완성됩니다.

하이데거는 우리가 '세상에 던져졌다'라고 표현했습니다. 태어난 장소와 시간도 고를 수 없습니다. 정신을 차려 보니, 어느새 이 세상에 태어나 하루하루를 살고 있었습니다. 출근 길 전철도 그 일부입니다.

그런데 흥미로운 부분은 우리는 대개 이 '던져진 상황'을 깊이 생각하지 않는다는 것입니다. 매일 아침 같은 전철에 타고, 같은 회사에 가고, 같은 일상을 보냅니다.

하이데거는 이러한 모습을 **'일상성에 매몰'**된 것이라 했습니다.

◌ 왜 우리는 '평소와 다르다'라고 느낄까?

그렇다면, 우리는 왜 가끔 '뭔가 달라'라고 느낄까요?

하이데거는 이것이 '본래적 자기'가 우리 안에서 속삭이기 때문이라고 했습니다. 매일 반복되는 루틴은 안정감을 주지만, 동시에 무언가 소중한 것을 잃게 합니다. 그 '잃어버린 것'이 갑자기 어느 순간 나타나는 것입니다.

창문을 바라보며 느끼는, 어떤 막연한 불안함. '이대로 괜찮을까?'라는 질문. 하이데거는 이를 '불안^{Angst}'이라고 했으며 아주 중요하게 생각했습니다.

왜냐하면, 이 불안은 바로 '진정한 나'를 마주하게 합니다. 평소 우리는 '타인과의 동일함'을 느낄 때 마음의 평화를 얻습니다. **그러나 불안을 느낀 순간 '나만의 인생'과 마주하게 됩니다.**

제2차 세계대전을 경험한 하이데거. 그는 기술이 발달

하고 모든 것이 효율화하는 현대 사회에서 인간이 '부품'으로 전락하는 것을 걱정했습니다. 출근 길 전철 역시 그 하나의 상징일 수 있습니다. 시간표대로 움직이고, 정해진 장소로 사람을 운반하는 시스템. 그래서 창밖에 스쳐 지나가는 한순간의 풍경이나, 문득 밀려오는 위화감이라는 감정은 중요합니다. 이는 '시스템'에서 빠져나와 '존재'를 느끼는 순간이기 때문입니다.

일상에서 '존재'를 되찾는 방법

하이데거의 철학을 현대의 우리는 어떻게 활용할 수 있을까요? 언뜻 추상적으로 들리는 그의 생각 속에도, 사실은 일상을 풍요롭게 하는 힌트가 가득합니다.

우선, 출근 길 전철 속에서 스마트폰을 그만 보고, 의식적으로 창문 밖을 바라봅시다. 흐르는 풍경 속에서 어제와 다른 무언가를 발견합시다. 새로운 간판, 계절의 변화, 걸어가는 사람들의 표정. 이 별거 아닌 발견이 '지금 여기'로 시선을 머물게 해줄 것입니다.

이어서 그때 느낀 위화감이나 불안을 하나의 징후로 받

아들여 봅시다. '어쩐지 부족해', '이대로 괜찮을까?'라는 느낌이 밀려온다면, 그 느낌을 잊지 말고 메모합시다. 하이데거의 말을 빌리면 이 느낌은 **'본래적 자기'가 보내는 메시지**입니다. 무시하지 말고 직시하면 내가 정말로 소중히 여기고 싶은 것이 무엇인지 보일 것입니다.

그리고 때로는 일상의 패턴을 의식적으로 바꿔봅시다. 다른 전철에 타기, 한 정거장을 걸어보기, 퇴근길을 바꿔보기. 이러한 작은 변화가 고정화된 '일상성'에 숨구멍을 뚫어줄 것입니다. 새로운 관점으로 세상을 바라보면 '존재의 신비함'을 재발견할 수 있습니다.

◯ 전철 안 창문은 존재로 향하는 문

늘 무심코 바라보며 지나치는 풍경 속에도, 분명 여러분의 '존재'가 비칩니다. **과거의 기억, 현재의 감각, 미래에 대한 기대. 이 모든 것이 쌓여 '지금 여기에 있는 나'를 만들고** 있습니다.

만원 전철 안에서 느끼는 불쾌함도 사실 귀중한 체험입니다. 사람들에게 밀릴 때 느끼는 괴로움, 그때마다 분명히 느끼는 '여기에 있다는 감각'. 이것이 바로, 하이데거가 말하는 '현존재'입니다. 일상은 반복됩니다. 그러나 같은 날은 두 번 다시 없습니다. 하이데거의 철학은 우리가 그 사실을 자각하도록 이끕니다.

> The Keys to Thinking
>
> **지금, 이 순간에 눈을 돌린 순간,
> 우리는 존재를 깨닫는다**

잠들기 전 스마트폰을 그만둘 수 없는 나의 정체는?

 스마트폰을 바라보는 나를 통해, '나는 누구인가'를 생각해 본다

르네 데카르트 René Descartes, 1596~1650

◌ 오늘도 스마트폰을 네 시간이나 본 나

늦은 밤 침대에 들어가 스마트폰 설정화면을 열고 무심코 '스크린 타임사용시간 분석'을 확인하다가 충격적인 숫자를 발견합니다.

'헉, 오늘도 3시간 57분이나…'

어제도, 그제도, 비슷한 시간을 썼습니다. '조금만'할 생각이었는데 정신을 차려보면 이만큼이나 시간이 지났습니다. SNS, 숏츠 동영상, 뉴스 사이트, 게임….

'이 정도 시간이면 책 한 권도 읽겠네'

약간의 자기혐오를 느끼지만, 스크롤을 하는 손가락을 멈출 수 없습니다.

이러한 경험, 분명 누구에게나 있습니다.

'자야 해'라고 생각하는 이성적인 나와 '조금만 더'라며 동영상을 계속 쳐다보는 나. 이 둘 사이에서 매일 밤 작은 싸움이 계속 반복됩니다.

그런데 잠깐 멈춰보십시오. 사실 지금은 매우 흥미로운 일이 벌어진 순간이기도 합니다. 바로, 이 둘 외에 또 다른 내가 있습니다. '스마트폰을 보며 갈등하는 두 명의 나'를 관찰하는 '또 하나의 나'가 말입니다!

◌ 데카르트가 본 가장 확실한 것

17세기 프랑스의 철학자 르네 데카르트. 그는 '근대철학의 아버지'라고 불리며, 오늘날 우리 사상의 토대를 만든 인물입니다.

데카르트는 진리를 발견하기 위해 '방법적 회의'라는 방법을 사용했습니다. 쉽게 말하면 '철저하게 의심해 보기'입니다.

현대의 스마트폰에 대입해 생각해 봅시다. 화면에 표시되는 정보는 진짜일까요? 가공된 사진, 과장된 뉴스, 만들어진 이야기일지 모르는 SNS 메시지.

무엇이 진실이고 가짜인지, 이것을 판단하는 건 누구일까요?

데카르트도 같은 의문을 품었습니다. '감각은 나를 속일지 몰라', '지금 체험은 꿈일지 몰라', '수학 계산조차 악마에게 속고 있는 것일지도 몰라'

그러나 이렇게 의심해도 절대로 의심할 수 없는 것이 딱 한 가지 있습니다.

바로, '지금 의심하고 있는 내가 있다'라는 사실입니다.

이것이 유명한 '나는 생각한다, 고로 존재한다'Cogito, ergo sum'입니다.

스크린 타임을 보고 '너무 했네'라며 후회할 때, 바로 이 현상이 발생합니다. 스마트폰을 사용하는 나를 다른 관점으로 보는 '생각하는 나'가 있습니다.

그 '생각하는 의식'이야말로 내가 존재한다는 가장 확실한 증거입니다.

◌ 스마트폰이 가르쳐주는 '두 개의 나'

현대의 우리들은 스마트폰이라는 신기한 도구를 가지고 있습니다. 정보를 얻는 창이며, 사람들과 이어지는 문이지만, 때로는 시간을 뺏는 덫이기도 합니다.

'자기 전 스마트폰'을 들여다보는 일, 평범한 습관처럼 보이지만 사실은 깊은 철학적 체험의 순간입니다.

스마트폰을 계속 보는 내가 있고, 이것을 '그만해야지'라고 생각하는 나도 있습니다. 심지어 그 둘을 관찰하고 있는 나도 있습니다. 이 '관찰하는 나'가 바로, 데카르트가 발견한 '생각하는 나'입니다.

데카르트는 수학자이기도 했습니다. 좌표축데카르트 좌표을 발명한 사람인만큼 그는 명석하고 체계적인 사고를 중요하게 생각했습니다. 종교 전쟁으로 혼란한 시대였기 때문에 누구나 인정하는 확실한 기반을 추구했습니다.

이는 현대의 우리들도 마찬가지입니다. 정보가 넘치고 가짜 뉴스가 판을 치는 시대에는 무엇을 믿어야 할지 알기 어렵습니다. 그렇기에 **가장 확실한 출발점은 '생각하는 나' 자신입니다.**

○ '스마트폰을 하는 시간'을 철학 시간으로 바꾸기

그렇다면 이 데카르트의 통찰을 일상생활에서 어떻게 활용하면 좋을까요? 사실 매일 밤, '스마트폰과의 싸움'은 철학적 성찰을 할 수 있는 최적의 시간입니다.

우선, 스크린 타임을 보았을 때의 감정을 잊지 맙시다. '또, 세 시간이나…'라는 후회, 그 자체가 '생각하고 있다는 증거'입니다. 단순히 자기혐오로 끝내지 말고 '이 감정을 지닌 나'의 존재를 확인해 보십시오.

이어서 스마트폰을 손에서 못 놓는 순간을 '관찰'합시다. 딱 '5분만'이라며 나에게 변명할 때, 누가 누구에게 변명하고 있는 걸까요? 그곳에는 '**욕망대로 행동하는 나**'와 '**이성적으로 판단하는 나**'가 있습니다. 이 상반된 모습을 깨닫는 것이 자기 이해의 시작입니다.

그리고 자기 전에 몇 분간, 스마트폰을 끄고 '오늘 생각한 것'을 되돌아보는 건 어떨까요?

일, 인간관계, 장래, 내용은 상관없습니다. '생각하고 있다'라는 행위 그 자체가 여러분의 존재를 증명하는 일입니다.

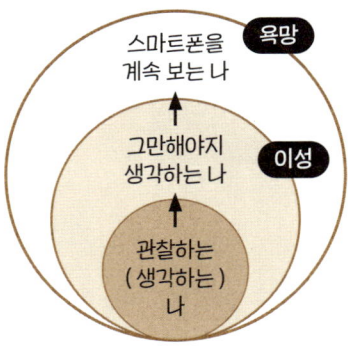

◌ 디지털 시대의 '나는 생각한다, 고로 존재한다'

스마트폰은 오늘날의 '철학 실험장'입니다. 너무 오래 쓰면 후회하지만, 그만둘 수 없습니다. 이 일상적인 갈등 속에 사실, 깊이 있는 자기 인식의 기회가 숨어 있습니다.

데카르트는 모든 것을 의심해도, 의심하고 있는 나만은 의심할 수 없다고 말했습니다.

이 말을 본받아 우리도 이렇게 말할 수 있습니다. **스마트폰에 휘둘려도, 그것을 자각하고 있는 나는 확실히 존재한다.** 이렇게 말입니다.

오늘 밤에도 분명히 침대 안에서 스크린 타임 숫자를 보고 한숨을 쉬면서 스마트폰을 보고 있을 것입니다. 하지만 그때 떠올려 보십시오. 바로 이렇게 '한숨을 쉬는 나'야말로 400년 전 데카르트가 발견한 가장 확실한 존재입니다.

설령 스마트폰을 세 시간을 보더라도, 그 존재를 의식하는 한 당신은 분명히 '생각하는 존재'로 이곳에 있습니다.

The Keys to Thinking

확실한 나는, 내 안에만 존재한다.

사진 속의 내가 다른 사람으로 보이는 진짜 이유는?

 거울에 비치는 나를 보고 생각하는 '인상과 관념의 차이'

데이비드 흄 David Hume, 1711~1776

◌ 아침 외출을 준비하며, 거울을 마주하는 순간

아침 외출을 준비할 때 거울에 비치는 내 모습. 익숙한 얼굴인데, 가끔 '이게 정말 나?'라고 생각할 때가 있지 않나요?

사진으로 보는 나와 거울로 보는 나, 다른 사람이 보고 있는 나. 전부 다 묘하게 다른 기분입니다. 친구에게 "오늘 얼굴빛이 좋네"라는 말을 들어도 속으로 '그런가?'라고 생각합니다. 반대로 "피곤해?"라는 말을 듣고 처음으로 본인의 컨디션을 알아차리기도 합니다.

더 신기한 건 거울을 보고 있을 때의 '내 이미지'입니다. 머릿속에 있는 내 모습은 실제 거울에 비치는 모습과는 종종 다릅니다. 훨씬 젊거나, 똑똑하게 생각합니다.

이처럼 '보고 있는 나'와 '생각하는 나'의 차이. 사실, 여기에는 인간 인식의 본질이 숨어있습니다.

흄이 발견한 감각과 사고의 결정적 차이

18세기 스코틀랜드의 철학자 데이비드 흄. 그는 인간 심리의 움직임을 과학자처럼 냉정하게 관찰했습니다. 그리고 우리의 의식 속을 '인상'과 '관념'으로 나누었습니다.

어려운 말 같지만, 거울로 비유하면 쉽게 이해할 수 있습니다.

'인상'이란 지금 바로, 거울에 보이는 나의 모습. 생생하고 선명하며 부정할 수 없는 감각입니다. 잠버릇, 퉁퉁 부은 얼굴, 기미. 싫든 좋든 그곳에 확실히 있습니다.

반면, '관념'은 거울에서 벗어나, 머리에 남은 나의 이미지. 어제의 나, 이상적인 나, 다른 사람이 본 나를 말합니다. 이는 '인상'을 토대로 만들어진 것이지만, 원래의 선명함은 없어지고 희미합니다.

흄은 **'관념은 인상의 희미한 복사본에 불과하다'**라는 혁명적인 발견을 했습니다.

생각해 봅시다. 내 얼굴을 선명하게 떠올려보려고 해도, 실제 거울을 보았을 때의 선명함과는 비교가 안 됩니다. '나는 미인이야', '나는 잘생겼어'라는 자기 이미지도 실제 거울 앞에서는 수정해야 할 정도입니다.

○ 왜, 우리는 '나'를 착각할까?

흄은 우리가 항상 '인상의 연속'을 경험하고 있다고 말합니다. 아침에 본 거울, 전철의 창문, 스마트폰 화면, 가게 안의 유리. 하루에도 몇 번씩 내 모습을 봅니다.

그리고 재미있는 사실은, 이때 본 인상들을 연결해서 '이것이 나'라고 하나의 이미지를 만든다는 것입니다. 바로, 이것이 '관념'의 흐름입니다.

문제는 이 관념이 때로는 현실과는 괴리가 있다는 사실

입니다.

예를 들어, 10년 전 사진을 보며 '그때의 나'가 그립다면, 어쩌면 그 시절의 기억이 조금 미화되어 있는지도 모릅니다. 반대로 거울을 보고 '늙었네'라고 느낀다면, 그것은 단지 옛날 자기 이미지와 비교해서가 아닐까요?

흄은 이러한 '관념의 독자적인 행보'를 경고했습니다. 그는 ==확실한 것은 '지금 여기에서 느끼는 인상'뿐. 과거의 나도, 미래의 나도, 관념 속에만 존재==한다고 보았습니다.

또한, 흄은 인과 관계도 날카롭게 지적했습니다. '거울을 볼 때마다 나이를 먹네'라고 느껴도 그것은 인상이 계속 쌓여서 만들어 낸 '습관'에 불과합니다.

실제로는 매일 조금씩 바뀌고 있을 뿐입니다.

○ 거울 앞에서 실천하는 흄적인 셀프 체크

이 흄의 통찰을 일상생활에서 어떻게 활용할 수 있을까요? 사실 매일 아침, 거울 앞에 선 순간이야말로 최적의 '철학적 실천'을 할 기회입니다.

먼저, 거울을 볼 때 '인상'에 집중합시다. 일단 '늙었다',

'피곤하다'와 같은 판단은 하지 말고 순수하게 '보이는 것'을 관찰합니다. 눈의 모양, 피부색, 머리카락의 질감 등을 판단하지 않고 있는 그대로의 인상을 받아들여 봅시다.

이어서, 거울에서 떨어져 내 얼굴을 떠올려봅시다. 어디까지 정확하게 재현할 수 있나요? 분명히 조금 전에 봤는데도 이미 희미합니다.

이것이 '관념'의 특징입니다.

그리고 하루를 마무리할 때 아침에 본 나를 떠올립시다. '엄청 피곤해 보였어'라고 생각해도 사실, 그 정도는 아니었을지 모릅니다. 기억은 그날의 사건에 따라 수정됩니다.

인상 — 거울에 비치는 있는 그대로의 나
관념 — 인상의 희미한 복사본 (생각)

관념은 쉽게 변형·미화·왜곡된다

◌ 사진과 거울 그리고 진짜 나

요즘은 '셀프 사진'을 찍는 시대입니다. 스마트폰으로 손쉽게 나를 촬영하고 사진을 보정해서 SNS에 올립니다. 그런데 보정된 사진을 보고 '이게 진짜 나'라고 생각하는 건 흄의 관점으로 보면 '관념의 폭주'입니다.

거울은 결코 거짓말을 하지 않습니다. 적어도 물리적인 반사, 곧 '인상'에 대해서만큼은 언제나 정직합니다. 반면, 우리의 마음은 그 인상을 마음대로 해석해서 기억하고 때로는 왜곡합니다.

그러나 이것은 꼭 나쁜 것은 아닙니다. 적절한 자기 이미지는 자신감을 북돋우고, 발전하려는 의지를 길러줍니다. 중요한 것은 '인상'과 '관념'의 차이를 의식하는 일입니다. 즉, **거울 앞의 생생한 현실과 마음속의 이상적인 이미지, 이 두 가지를 모두 인정하는 것**을 말합니다.

흄은 인간 이성의 한계점을 인정하고 경험의 중요성을 강조했습니다. 확실한 건 없지만, 그렇게 하루하루 쌓인 인상이 결국 우리의 인생을 만들어왔습니다.

이처럼 겸허하면서도 긍정적인 태도야말로 그의 철학의 매력입니다.

내일 아침, 거울을 볼 때 한번 떠올려 봅시다. 거울 속에 비친 모습은 꾸밈없는 여러분의 '인상'입니다. 그 인상과 마주하는 순간, 비로소 진정한 하루가 시작됩니다.

> **The Keys to Thinking**
>
> 진정한 나는 '인상'과 '관념'을
> 구별했을 때 비로소 보인다.

좋은 인간관계를 만들기 위해,
지금 내가 할 수 있는 일은 무엇일까?

별거 아닌 맞장구를 치며
생각하는 '상호승인론'

G·W·F 헤겔 Georg Wilhelm Friedrich Hegel, 1770~1831

◌ 친구와 대화하면서 자연스럽게 고개를 끄덕인 순간

카페에서 친구와 만나 근황을 이야기하는 여러분.

"최근에 일이 너무 바빴어…"

친구가 이렇게 말하자, 자연스럽게 "응응, 그랬구나"라며 고개를 끄덕이며 듣습니다. 심각하게 받아들이며 고개를 끄덕인 것은 아니었습니다. 그러나 이러한 사소한 '맞장구'는 대화를 부드럽게 하고 상대방의 긴장도 풀어

1장 • 똑같은 풍경을 다른 관점으로   47

줍니다.

"그래서, 어떻게 했어?"라고 묻자, 이야기는 훨씬 깊어지기 시작합니다. 이러한 경험은 누구나 있을 것입니다.

그런데 때때로 '왜, 우리는 이렇게 자주 고개를 끄덕일까?'라는 의문이 들지 않습니까?

시험 삼아 누군가와 대화할 때, 맞장구를 한 번도 하지 말아보십시오. 그러면 상대방은 불안한 표정으로 "듣고 있어?"라고 확인할 것입니다. 반대로 많이 끄덕이면, 어쩐지 인정받은 것 같아서 기분이 좋아집니다.

이처럼 평범한 '맞장구'라는 행위에는 사람이 사람으로 살아가는 데 필요한 심오한 구조가 숨어 있습니다.

◌ 헤겔이 간파한 '승인'이라는 인간의 본질

19세기 독일 철학자, G·W·F 헤겔. 그는 '변증법'으로 유명합니다. 이 변증법의 연장선으로 '승인Anerkennung'이라는 개념이 있습니다.

어려운 말 같지만, 정리하면 **'사람은 타인의 인정을 받아야 비로소 진정한 내가 된다'**라는 뜻입니다.

맞장구를 예로 생각해 봅시다. 친구가 "일이 바빴어"라고 말하면 여러분은 곧바로 "응응"이라고 맞장구를 칩니다. 이 순간 무슨 일이 생겼을까요?

친구는 상대가 자신의 말을 수용했다고 느낍니다. 그리고 여러분은 친구의 이야기를 이해하는 나를 확인합니다. 즉, 서로 상대를 '승인'한 것입니다.

헤겔의 《정신현상학》에는 '주인과 노예의 변증법'이라는 유명한 이야기가 있습니다. 그는 이 이야기를 통해 처음에는 두 사람이 자신의 존재를 증명하기 위해 다투지만, 결국 서로를 인정하는 것이야말로 진정한 자기의식을 낳는 길임을 보여줍니다. 요즘 말로 하자면, SNS에서 '좋아요'를 받아야 안심이 된다거나, 회의에서 내 의견에 찬성이 많을 때 뿌듯함을 느끼는 것 또한 '승인'을 바라는 우리의 마음을 보여줍니다.

◌ **우리는 왜 '맞장구'라는 반응 없이는 살 수 없을까?**
헤겔은 인간의 자기의식은 '타인의 거울'을 통해서만 형성된다고 했습니다.

아이가 부모의 반응을 보고 자기를 인식하는 것처럼 우리는 평생 끊임없이 타인의 승인을 바랍니다.

생각해 봅시다. 만약, 이 세상에 여러분 혼자만 있다면 '나'라는 의식은 탄생할까요? '현명하다', '상냥하다', '열심히 하고 있다' 등 이 모든 것은 모두 타인과의 관계를 통해 비로소 그 의미를 갖습니다.

맞장구는 바로 이러한 승인의 가장 기본적인 형태입니다. 이는 말 대신에 '당신의 이야기를 듣고 있습니다', '당신의 존재를 인정하고 있습니다'라는 메시지를 전달하는 행위입니다.

헤겔이 살던 시대는 나폴레옹 전쟁으로 혼란했던 격동기였습니다. 그는 개인과 사회, 자유와 질서의 관계를 깊이 고찰했고 결국, 인간은 결코 고립된 존재로 살아갈 수 없다는 사실을 깊이 깨달았습니다.

재미있는 사실은 승인은 일방통행이 아니라는 점입니다. **여러분이 상대방을 승인하면 동시에 상대방도 여러분을 승인합니다.** 이 상호성이 바로, 헤겔 철학의 핵심입니다.

◌ 일상 속 깊이 있는 대화를 위한 '승인' 실천법

이 헤겔의 통찰을 일상생활에서 어떻게 활용할 수 있을까요? 사실, 의식을 약간만 바꿔도 인간관계는 크게 달라집니다.

우선, 맞장구를 '단순히 형식적인 것'이 아니라 '승인의 행위'로 받아들입시다. 상대방의 이야기를 듣고 진심으로 끄덕일 때, 여러분은 상대방의 존재가치를 인정한 것이 됩니다. 이는 동시에 듣는 사람으로서의 나의 가치도 확인하는 행위입니다.

이어서 승인의 질을 높여봅시다. 단지 '응응'이라고 말하지 말고 ==그렇구나, 그것참 힘들었겠네', '그 기분 알아'라고 상대방의 감정까지 받아들여 봅시다.== 진심 어린 승인이야말로 깊은 관계로 이어집니다.

단, 승인을 너무 바라지 않는 것이 중요합니다. 헤겔은 과도한 승인 욕구는 인간관계의 균형을 무너뜨린다고 경고했습니다. 타인의 평가에 흔들리지 않으면서도 타인과의 관계는 중요하게 생각할 것. 그 균형을 잘 잡는 것이 진정한 자유로 가는 길입니다.

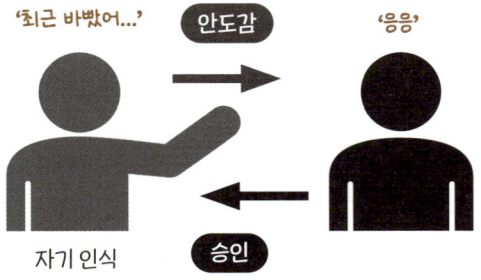

맞장구 철학

다음에 친구와 대화하거나 가족과 식사할 때 또는 동료와 술자리를 가질 때 이 원리를 떠올려 봅시다. 이때 나오는 자연스러운 맞장구는 단순한 습관이 아닙니다.

그것은 서로의 존재를 확인하는 의식입니다.

'나는 여기에 있다', '당신도 거기에 있다'라는 반복적 확인이 바로, 우리의 일상을 유지하는 힘입니다.

헤겔의 철학은 매우 난해하기로 유명하지만 그의 주장은 매우 단순합니다.

사람은 혼자서 살아갈 수 없으며, **타인과의 관계 속에서 비로소 '나'가 됩니다. 그리고 그 관계의 기본은 '승인'**에서 비롯됩니다.

카페에서의 대화, 가족과의 화목한 한때, 직장에서 동료와의 대화. 이러한 일상의 대화 속에는 사실 깊은 철학이 숨어 있습니다. 맞장구를 칠 때마다 어쩌면 우리는 어떤 의미에서는 철학자입니다.

The Keys to Thinking

우리는 끊임없이 서로를 승인하며 살아간다.

GPS 시대에 미아가 되는 나, 어쩌면 행복한 사람?

길을 잃어버린 순간 생각하는 '선험적 형식으로서의 공간'

임마누엘 칸트 Immanuel Kant, 1724~1804

◌ 익숙한 곳에서 갑자기 미아가 되는 순간

휴일 오후, 오랜만에 찾아온 길을 걷고 있는 여러분. '분명히 이 근방에 그 가게가 있었는데'라며 기억에 의존해서 걷고 있습니다. 그런데 어? 어쩐지 풍경이 다릅니다. '이 교차로, 전에 왔을 때랑 다른 느낌인데', '저 건물이 이런 곳에 있었나?'… 스마트폰의 지도 어플을 열면 쉽게 해결할 수 있지만, 괜한 고집이 생겨서 내 힘으로 기억하려

애씁니다. 오른쪽으로 그리고, 왼쪽으로 꺾어보기도 합니다. 그러다 문득 정신을 차려보니, 길을 완전히 잃고 말았습니다.

그런데 이 순간에 느껴지는 불안은 흥미롭습니다. 물리적으로는 안전한 장소인데도 '내가 어디에 있는지 모르겠다'라는 생각만으로도 갑자기 세상이 무섭게 느껴집니다. 반대로 낯익은 풍경을 발견하면 안도감을 느낍니다. '아아, 여기인가!'라고 깨닫는 순간 흩어져 있던 퍼즐 조각이 한꺼번에 맞춰지는 감각을 느낍니다.

이 '미아' 체험에는 사실, 우리가 세상을 인식하는 방식과 깊은 관련이 있는 철학적 문제가 담겨있습니다.

○ 칸트가 발견한 마음속 '지도'

18세기 독일의 철학자인 임마누엘 칸트. 그는 생애 전반을 쾨니히스베르크_{현재의 러시아 칼리닌그라드}에서 지냈으며 엄격할 정도로 규칙적인 생활을 한 사람으로도 유명합니다. 매일 같은 시간 산책해서 마을 사람들이 그를 보고 시계를 맞췄다는 일화가 있을 정도입니다.

이렇게 깐깐한 성격으로 알려진 칸트는 인간의 인식에 대해 혁명적인 발견을 했습니다. 그것은 바로 '공간은 마음의 형식이다'라는 생각이었습니다.

어렵게 들리지만 길을 잃은 에피소드를 떠올리면 이해가 쉽습니다.

우리가 '여기는 어디지?'라며 길을 헤매는 동안, 사실 두 가지 일이 일어나고 있습니다. 하나는 눈앞의 풍경<u>감각적인 정보</u>을 받아들이는 일. 또 하나는 그 풍경을 마음속의 '지도'에 맞춰보는 일입니다.

칸트에 따르면 이 '지도'에 해당하는 것이 '상호적 형식이라는 공간'입니다. 즉, 우리는 선천적으로 '상하좌우', '전후', '원근'이라는 공간의 틀을 갖고 있으며 그 틀을 통해서만 세상을 인식할 수 있습니다.

○ 왜 우리는 '미아'가 될까?

생각해 보면 신기합니다. 대부분의 동물은 길을 잃지 않습니다. 철새는 몇 천 킬로미터도 정확히 날아가고, 연어는 태어난 강으로 돌아갑니다. 그런데 사람은 낯선 장소에서 금방 방향 감각을 잃습니다.

칸트는 이를 인간의 특권이라고 말했습니다. 왜냐하면 우리는 단순히 본능으로 움직이는 것이 아니라 '공간을 이해하려 한다'라는 데서 출발하기 때문입니다.

미아가 되었을 때 우리는 무엇을 하고 있나요? '저 모퉁이를 돌면', '태양의 위치에서 생각하면' 이렇게 머릿속으로 공간을 재구성하려고 합니다. 이것이 바로 칸트가 말하는 '오성 悟性, Verstand, 이해력'의 역할입니다.

재미있는 점은 우리가 완전히 길을 잃었을 때 한 번 '리셋'된다는 것입니다. 지금 있는 장소를 새로운 기점으로 공간을 재설정합니다. 이 능력 덕분에 우리는 미지의 공간에서도 살 수 있습니다.

칸트는 이러한 공간 인식이 단순한 경험의 축적이 아니라, 인간이 선천적으로 갖춘 능력이라고 생각했습니다. 아이가 사물을 잡는 순간, 그 아이는 이미 공간을 이해하고 있는 셈입니다.

◌ 마음껏 길을 잃어보는 칸트적 산책 기술

이 칸트의 통찰을 오늘날의 우리는 어떻게 활용하고 있을까요? 사실, '미아' 체험은 나의 인식 능력을 알 수 있는 좋은 기회입니다.

먼저, 가끔은 지도 앱을 사용하지 않고 걸어봅시다. 목적지까지 가는 길을 나의 공간 감각만으로 나아가 보는 것. 길을 잃었다면 잃은 채로 가봅시다. 이는 '공간을 재구성'하는 인간만이 할 수 있는 체험이므로 의미가 있습니다.

이어서 길을 잃었을 때의 감각을 관찰합시다. 우리가 불안함을 느끼는 이유는 마음속의 '지도'와 현실이 다르기 때문입니다. 그렇지만, 이것은 **여러분이 능동적으로 세상을 이해하려 한다는 증거이기도 합니다.**

그리고 새로운 장소를 방문했을 때, 의식적으로 '공간 만들기'를 즐겨봅시다. '역을 기준으로 오른쪽은 여기', '저 높은 건물 방향이 북쪽'이라며, 자기 나름대로 좌표축을 설정합니다. 이 공간 만들기는 칸트적으로 말하면 여러분의 '오성'이 세상에 질서를 부여하는 행위인 셈입니다.

◌ 미아 체험의 철학적 의미

현대는 GPS의 시대입니다. 스마트폰만 있으면 길을 잃는 일은 없습니다. 그러나 이럴 때 일부러 길을 잃어보는 경험은 가치가 있습니다.

미아 체험은 우리에게 중요한 것을 가르쳐 줍니다. 바로, **세상은 '그저 여기에 있는 것'이 아니라, 우리 마음이 적극적으로 '만들어내는 것'**이라는 사실입니다.

똑같은 길이라도 거주자와 관광객은 다르게 봅니다. 어린 시절에 본 풍경과 어른이 되어 본 풍경도 다릅니다. 이는 경험과 지식을 통해 우리의 '공간 형식'이 풍부해졌기 때문입니다.

칸트는 인간의 인식에는 한계가 있다고 보았습니다. 우리는 나의 '공간 형식'을 뛰어넘어 세상을 바라볼 수 없습니다. 그러나 그 한계 덕분에 오히려 저마다 세상을 보는 방법이 다릅니다. 그렇게 다양성이 탄생합니다.

다음에 길을 잃었다면 화를 내기 전에 잠깐 서 보십시

오. 그 순간, 여러분의 마음은 필사적으로 공간을 이해하려고 할 것입니다. 300년 전 칸트가 발견한 인간의 탁월한 능력이 드러나는 순간입니다.

 The Keys to Thinking

머릿속 공간은 나만의 세상이다.

강수확률 40%에 우산을 챙기는 나, 걱정이 많은 편?
아니면 준비성이 좋은 편?

 ## 흐린 날에 우산을 챙기면서
생각하는 '도박과 확률적 사고'

블레즈 파스칼Blaise Pascal, 1623~1662

◌ **외출 전에 하늘을 보고, 우산을 챙겨야 할까라고 망설이는 순간**

아침 외출 전에 창문 밖을 본 여러분. 그런데 하늘이 약간 흐립니다.

'비가 올까? 안 올까…?'

날씨 예보 앱을 열어보니 '강수확률 40%'. 이 숫자, 과연 믿어도 될까?

우산을 가져갔다가 비가 안 오면 성가시지만, 가져가면 소나기가 내려도 젖지 않겠지.

결국, 간편한 접이식 우산을 가방에 넣고 출발합니다. 그런데 내심 '괜히 가져가나…'라며 찝찝한 기분이 듭니다.

오후가 되어 하늘이 맑아지자, 묘하게 억울한 기분이 듭니다. 그러다 비가 갑자기 내리면 '가져오길 잘했지'라며 안도합니다. 누구나 한 번쯤 경험해 본 적이 있을 것입니다.

기껏해야 우산을 챙길지 말지 고민하는 이야기라 생각할지 모르지만, 이러한 일상의 망설임 속에는 인생의 본질적인 문제가 숨어 있습니다.

파스칼이 본 불확실한 세상에서 내리는 결단

17세기 프랑스에서 태어난 천재, 블레이즈 파스칼. 그는 수학자이면서 물리학자 그리고 철학자이기도 했습니다. 젊어서 확률론을 정립하고 계산기도 만든 그는 인간 이성의 가능성과 한계를 모두 깊이 있게 이해했습니다.

파스칼의 가장 유명한 사고실험은 '파스칼의 내기 Pascal's wager'입니다. 이는 신의 존재를 주제로 한 의론이지만, 그 본질은 **'불확실한 상황에서의 합리적 선택'**입니다.

우산의 예를 생각해 봅시다. 강수확률 40%라고 했을 때 여러분은 어떻게 판단하겠습니까?

파스칼이라면 이렇게 분석할 것입니다. 우산을 가져갔을 때의 '손실 cost'은 기껏해야, 약간의 무게와 번거로움입니다. 하지만 비가 내릴 때의 '이득 benefit'은 의외로 많습니다. 비에 젖는 불쾌함을 피할 수 있고, 감기에 걸릴 위험도 줄어들며, 중요한 서류가 젖을 걱정도 없습니다.

즉, 손실과 이득의 무게를 저울로 재어 보면 우산을 가져가는 편이 '합리적인 판단'입니다. 이를 인생 전반에 비유한 것이 바로 파스칼의 통찰입니다.

우리는 언제나 불완전한 정보 속에서 결정을 내려야 하며, 그 과정에서 확률과 기대치를 고려한 가장 합리적 선택을 해야만 합니다.

우산을 가지고 외출
➡ 손실 : 무거움, 짐이 된다
➡ 이득 : 비에 젖지 않음
　　　　감기에 걸릴 위험을 피할 수 있다

'강수확률 40%'　　**최악의 상황을 설정해서 합리적인 선택을 해야 한다.**

◌ 왜, 우리는 40%의 확률에 고민할까?

재미있는 부분은 강수확률이 90%라면 망설이지 않고 우산을 가져갑니다. 반면, 10%면 그냥 나가지만 40%나 50% 정도면 고민합니다.

　파스칼은 우리가 '애매한 확률'에 약하다는 사실을 꿰뚫어 봤습니다. 완벽하게 우열을 가리지 못하는 상황이 생기면 우리의 이성은 불안해합니다.

　그러나 그는 이 '망설임'이야말로 인간의 위대함이라고 생각했습니다. 동물은 본능으로 행동하지만 인간은 생각하고 계산하며 우열을 잽니다.

　파스칼은 사람을 '생각하는 갈대'라고 했습니다. **갈대처럼 약한 존재지만, 생각할 수 있으며, 그 사고에는 무한한 가능**

성이 있다는 뜻입니다.

파스칼은 병약해서 39세의 젊은 나이에 죽었습니다. 그는 짧은 인생에서 '확실성에 대한 동경'과 '불확실성의 수용' 사이에서 고민했습니다. 그의 이 갈등이 심오한 철학적 통찰을 만들었습니다.

○ 우산 하나로 배우는 인생의 확률론

이 파스칼의 관점을 오늘날의 우리는 어떻게 활용할 수 있을까요? 사실, 일상은 '작은 내기'의 연속입니다.

우선, '확률'에 대해 깊이 생각해 봅시다. 전직할 것인지, 투자할 것인지 혹은 고백할 것인지 등 다양한 상황에 적용할 수 있습니다. 그러나 어떠한 선택도 성공과 실패할 확률이 있습니다. 그 확률을 냉정하게 재보고, 실손을 계산합니다. 감정만이 아니라 이성을 사용해 판단하는 것이 중요합니다.

이어서 **'최악의 경우'를 설정하는 습관**을 들입시다. 우산 에피소드를 예로 들면, 가지고 나가지 않아 비에 젖었을 때의 손실을 생각합시다. 인생에서 큰 결단을 내려야 할 때 최악의 시나리오를 생각하면 훨씬 현명한 선택이 가능합니다.

그리고 너무 '완벽한 확실성'을 바라지 않아야 합니다. 강수량이 100%인 경우는 거의 없습니다. 인생도 마찬가지입니다. 불확실성을 받아들인 다음, 최선의 선택을 하는 것. 그것이 파스칼이 말하는 삶의 방법입니다.

◌ 오늘의 하늘을 보자

요즘 시대는 정보가 넘칩니다. 일기 예보의 정확도도 올라가 실시간으로 비구름의 움직임도 볼 수 있지만 그래도 우리는 헤맵니다.

미래는 본질적으로 불확실하기 때문입니다. 아무리 기술이 진보해도 내일을 100% 예측할 수 없습니다.

이럴 때, 파스칼의 지혜가 빛을 발합니다. **불확실성을 두려워하지 말고, 그 불확실성을 전제로 현명하게 사는 것. 확률을 고려해 위험을 평가하고 판단합시다.**

다음에 우산을 가져갈지 망설여진다면 그 순간을 '철학을 실천'하는 기회라 생각하고 즐겨보십시오.

여러분은 지금 17세기의 천재와 같은 문제를 풀고 있습니다.

비에 홀딱 젖든, 젖지 않든 그것은 여러분이 '생각해서 한 선택'의 결과입니다. 그 사고의 과정이야말로 인간만이 가진 존엄입니다.

오늘의 하늘은 어떻습니까? 우산은 가지고 나왔나요?

The Keys to Thinking

확률은 불확실한 일상을 즐기는 수단

지금 나는 정말로 깨어있는 것일까? 아니면 꿈속일까?

꿈과 현실의 경계에서
성찰하는 '나비의 꿈'

장자莊子, 기원전 4세기경

◌ 잠에서 깨어나 아직 꿈의 여운이 남아있는 순간

아침이 되었습니다. 이제 막 눈을 뜨고 침대에 누워 비몽사몽인 여러분. 방금까지 꾸던 꿈의 감각이 몸에 남아 있습니다.

'어라? 지금 꿈, 정말 진짜 같았는데…'

꿈속에서 다른 장소에 있었고, 모르는 사람과 이야기도

했습니다. 하늘을 날았을지도 모르고, 옛날 친구와도 만났을지 모릅니다. 그러다 눈을 떠 보면 매일 보는 천장이 눈에 들어옵니다.

신기하게도 어느 쪽이 먼저이고 '진짜'인지, 순간적으로 확신이 안 섭니다. 꿈속의 나도 분명히 '나'였습니다. 감정도 사고도 모두 진짜였습니다. 그런데 지금은 그것이 '단지 꿈'으로 끝나버립니다.

'어쩌면 지금, 이 현실도 누군가의 꿈일지도 몰라…'

이렇게 엉뚱한 생각이 머리를 스치기도 합니다. 재미있는 꿈에서 깨어났을 때 느끼는 상실감, 악몽에서 해방되었을 때의 안도감. 둘 다 꿈과 현실의 경계선상에서 느끼는 특유의 감각입니다.

아침의 이 신기한 체험은 2,400년 전 중국의 어느 철학자가 이미 깊이 통찰한 적이 있습니다.

◯ 장자가 이야기한 나비가 되는 꿈

고대 중국의 사상가, 장자. 그는 도가사상의 대성자로 알려졌으며, 자유분방한 발상으로 세상의 본질을 질문했습니다.

그가 남긴 가장 유명한 이야기는 '나비의 꿈'입니다.

어느 날, 장자는 꿈을 꾸었습니다. 꿈속에서 그는 한 마리의 나비가 되어 꽃과 꽃 사이를 옮겨 다니며 자유롭게 날았습니다. 완전히 나비가 된 느낌에 자신이 장자라는 사실조차 잊었습니다.

이윽고 잠에서 깨자 그는 곧 생각했습니다.

"나는 장자로서 나비가 되는 꿈을 꾼 것일까? 아니면 사실 나는 나비이고 지금 장자가 된 꿈을 꾸고 있는 걸까?"

이 질문에 대답은 없습니다. 왜냐하면, 둘 다 마찬가지로 '있을법한' 일이기 때문입니다.

오늘날 우리도 깊은 잠에서 깨어났을 때, 비슷한 감각을 느낍니다. 꿈속 세상이 너무나 생생해서 현실과 구분이 되지 않습니다. 그 순간, 우리는 장자와 똑같은 질문과 마주합니다.

◌ 왜 우리는 '어느 쪽이 진짜일까?'라고 고민할까?

장자 사상의 핵심은 '**만물제동**萬物齊同'에 있습니다. **모든 것은 본질적으로 평등하며, 우열이나 진위 구별은 인간이 마음대로 정한 것**이라는 뜻입니다.

꿈과 현실도 마찬가지입니다. 우리는 '현실이 진짜고 꿈이 거짓'이라고 멋대로 구분합니다. 그런데 과연 맞을까요?

꿈속에서 느낀 기쁨과 슬픔은 분명히 내가 '느낀' 것입니다. 꿈속에서 생각한 것도 분명히 '생각한' 것입니다. 그런데 이것을 '가짜'라고 말할 수 있을까요?

장자는 전국시대라는 혼란기를 살았습니다. 그는 제국이 싸우고 가치관이 흔들리던 상황 속에서 '절대적인 진리'란 존재하지 않는다는 것을 깨달았습니다. 승자도 패자도, 부유한 자도 가난한 자도, 이 우주의 큰 원리에서 보면 모두 똑같은 존재입니다. 장자의 사상에서는 이 원리를 '**도**道'라고 불렀습니다. 도는 어떠한 것도 구별하지 않으며, 이 세상의 모든 것을 아우르는 원리입니다.

현대는 가상현실 시대입니다. 게임이나 메타버스 속에서 '또 하나의 인생'을 사는 사람도 늘었습니다. 아마도 장자가 요즘 시대에 살았다면, 분명 '그것도 또 하나의 현실이다'라며 웃었을지 모릅니다.

◯ 꿈의 가르침을 일상에 활용하기

이 장자의 관점을 어떻게 일상에 활용할 수 있을까요? 사실 '꿈과 현실의 경계'를 의식하면 훨씬 자유로운 인생을 살 수 있습니다.

우선, 아침에 일어났을 때 '꿈의 기억'을 잠시 음미해봅시다. 금세 사라지기 전에 그 꿈의 내용을 되새겨봅시다. 어쩌면 그것은 또 하나의 내가 보내는 메시지일지 모릅니다.

이어서 일상의 '당연한 것'을 의심해 봅시다. '이것이 정답', '이것이 일반적인 것'이라고 생각하는 것도 사실, 또 하나의 꿈일지 모릅니다. 관점을 바꾸면 다른 세상이 보입니다.

마지막으로 실패나 좌절을 '다른 꿈'으로 받아들입시다. 지금의 괴로움도 큰 흐름 속에서는 나비가 꽃에 머무는 것처럼 한순간의 일입니다. 심각하게 받아들이지 말고, 가벼운 마음으로 삽시다. 그것이 장자의 가르침입니다.

◯ 오늘 밤 꾸는 꿈은 또 하나의 현실

오늘 밤, 여러분은 어떤 꿈을 꿀까요? 그것은 그저 뇌의 착각일까요? 아니면 다른 차원의 현실일까요?

장자라면 어느 쪽이든 상관없다고 말할 것입니다. 중요한 것은 그 경계에 집착하지 말 것. 꿈도 현실도 모두 하나의 '도' 안에서 일어나는 일입니다. 두 상황을 모두 즐기면서, 그 속에서 배워봅시다.

내일 아침 눈을 떴을 때, 어떤 꿈이었는지 잠시 떠올려봅시다. 그리고 '지금 눈을 뜬 것일까, 아니면 새로운 꿈의 시작일까?'라고 물어봅시다.

이 질문의 대답은 없습니다. 하지만 질문하는 그 자체가 여러분을 자유롭게 해줄 것입니다. 오늘이라는 하루를 나비처럼 가볍게 날아다니며 보내길….

The Keys to Thinking

이 세상의 모든 일이 하나라고 생각하면, 현실을 바라보는 시선이 달라진다.

COLUMN 1

철학으로 만드는 나의 설명서

제품을 사면 반드시 취급설명서(설명서)가 들어 있습니다. 그런데 가장 다루기 어려운 '나'라는 사람에 대한 설명서는 없습니다. 이참에 제1장에서 만난 철학자 여덟 명의 관점을 빌려서 여러분 자신만의 설명서를 만들어 보는 것은 어떨까요?

사실 필자도 철학을 막 시작했을 무렵에는 내가 누구인지 알 수 없어 괴로웠습니다. 무역상사 직원에서 시청 직원 그리고 철학자로, 전직을 할 때마다 끊임없이 '진정한 나는 무엇일까?'라고 계속 물었습니다. 그때, 철학자들의 관점을 대입해 나를 여러 각도로 보는 방법이 도움이 되었습니다.

그렇다면, 실제로 만들어 볼까요? 다음의 항목을 채워봅시다.

【기본 스펙】

☐ 나의 변하지 않는 핵심 부분(데카르트):

'어떤 상황에서도 변하지 않는 나의 중심에 있는 것은 _____'

☐ 나의 첫인상과 현실의 차이(흄):

'남들이 자주 나를 _____ 라고 보는데, 실제 나는 _____'

【취급상의 주의】

☐ 내가 불안정해지는 조건(사르트르):

'나는 선택지가 너무 많으면 _____ / 너무 자유로우면 _____ 이 된다'

☐ 내가 본래의 나를 잃을 때(하이데거):

'_____ 에 휩쓸릴 때, 나는 나답지 않다'

【수리 보수 방법】

☐ 나를 리셋하는 방법(장자):

'현실과 거리를 두고 싶을 때, 나는 자주 _____ 를 한다'

☐ 내 성장의 트리거(헤겔):

'_____ 를 극복하면, 한층 성장할 것 같다'

【복구 방법】

☐ 나를 지탱하는 인간관계(칸트):

'_____ 한 장소/ 사람과 있을 때, 나는 긍정적이 된다'

☐ 내 리스크와 리턴(파스칼):

'_____ 이라는 꿈에 도전했다면, 성공 확률은 _____ % 정도 일 것이다'

다 썼다면 한번 전체적으로 훑어봅시다. 모순된 부분이 있나요? 의외의 발견은 없었나요? 이 설명서는 완벽하게 만들지 않아도 됩니다. 3개월 후, 1년 후에 다시 돌아보며 수정해 보면, 내가 무엇이 변했고 무엇이 그대로인지 분명히 알 수 있습니다.

철학은 어려운 학문이 아니라, 어디까지나 사고를 위한 도구입니다. 부디 나를 더 잘 이해하기 위한 실용적인 도구로 활용해 보길 바랍니다. 이러한 관점으로 제1장을 다시 보면, 여덟 명의 철학자가 '나'를 더 깊이 이해하게 해주는 각양각색의 렌즈를 제공했다는 사실을 깨달을 수 있습니다.
자, 그러면 제2장부터는 '타인과의 관계'를 통해 시야를 넓혀봅시다.

2장

타인과 나 사이의 경계를 다시 정립하기

— 인간관계에 가득한 철학

사람은 혼자서 살아갈 수 없습니다.
애인에게 물어본 말에 대한 답을 기다리는 순간의 긴장감.
온라인 회의 중 찾아오는 어색한 침묵의 시간.
가족과 식사할 때 느끼는 따뜻함.
타인과 함께해 기쁨이 있고, 괴로움이 있습니다.
'개인'으로 살고 싶지만 '유대관계'가 없으면 살아갈 수 없습니다.
우리는 왜, 이만큼 타인의 평가를 신경 쓸까요?
어차피 서로 다 이해할 수 없는데, 왜 이해하고 싶어 할까요?
타인이라는 '거울'에 비치는 나를 재발견했을 때,
어쩌면 훨씬 좋은 인간관계를 만들 수 있을지 모릅니다.

유일무이한 나는 어떻게 만들 수 있을까?

SNS에서 받은 '좋아요'에서 생각하는 '승인 욕구로부터의 자유'

알프레드 아들러 Alfred Adler, 1870~1937

◯ 올린 사진을 몇 번이나 확인하는 순간

스마트폰을 손에 든 채, 방금 올린 사진을 다시 한 번 확인하는 여러분. 마음에 드는 카페에서 촬영한 사진 한 장. 구도도 조명 상태도 완벽하다고 생각하고 올렸는데 5분이 지나도 '좋아요'는 딱 세 개.

'어? 타이밍이 나빴나?'

'혹시, 사진이 별로였나…'

10분이 지나고 또 열어보니 15개가 늘었습니다. 조금 안심이 됩니다. 그런데 항상 100개 이상 받는 친구가 생각나서 또 불안해집니다.

정신을 차리고 보니, 어느새 한 시간을 SNS에 매달려 있었습니다.

'왜 이렇게 신경이 쓰일까?'

머리로는 '기껏해야 SNS'라고 알고 있지만 마음은 '좋아요'의 숫자에 일희일비합니다.

이 말로 설명할 수 없는 감각. 분명 여러분 모두 경험한 적이 있습니다.

그런데 만약 이 행동 패턴으로부터 자유로워질 수 있다면 어떨까요?

아들러가 말한 '승인 욕구'라는 함정

20세기 초반 정신과 의사로 출발한 알프레드 아들러는 단순한 심리요법을 넘어 인간 존재의 본질을 묻는 사상가이기도 했습니다. 그의 '개인 심리학'에는 깊이 있는 철학적 토대가 깔려 있습니다.

프로이트가 무의식을 그리고 융이 집합적 무의식을 탐구한 것과 비교하면 아들러는 의식적인 선택과 책임을 중시했습니다. 이는 실존주의 철학과도 일맥상통하는 관점입니다.

아들러는 **"인간의 고민은 모두 대인 관계에 대한 고민이다"**라고 했습니다.

SNS상의 '좋아요'에 대한 집착이 바로, 대인 관계 문제입니다. 그러나 아들러라면 '승인욕구의 덫'이라고 부를 것입니다.

왜, 덫일까요? 그 이유는 **타자의 승인에 의존하여 자신의 인생을 타인에게 맡기기** 때문입니다.

'좋아요'가 많으면 기쁘고 적으면 슬픕니다. 이때, 여러분의 감정을 지휘하는 건 누구일까요? 여러분 자신이 아니라 바로 '좋아요'를 누를지 말지 결정하는 타인입니다.

아들러는 이를 '타인의 과제'와 '나의 과제'의 혼동이라고 지적했습니다. 타인이 여러분이 올린 사진을 어떻게 평가할지는 타인의 과제입니다. 이는 여러분이 결정할 수 있는 문제가 아닙니다.

◯ 왜 우리는 타인과 비교할까?

"그런데 친구가 <좋아요>가 많으면 나도 모르게 비교하게 됩니다"

이러한 대답이 들리는 듯합니다. 아들러는 이러한 비교의 심리도 날카롭게 분석했습니다.

그는 우리에게는 '열등감'이 있고 그 자체는 나쁜 것이 아니라고 했습니다. 열등감은 성장의 원동력이기 때문입니다. 문제는 그 열등감을 회피하려고 잘못된 방법으로 나를 과장해서 보이려고 한다는 점입니다.

SNS를 예로 들면 '좋아요'의 숫자로 우월감을 얻으려 합니다. 그러나 이것은 '우월 콤플렉스Superiority complex'라고 불리는 왜곡된 상태입니다. 왜냐하면, 항상 타인과 비교했을 때만, 나의 존재를 확인하기 때문입니다.

아들러가 살았던 시대는 제1차 세계대전 전후인 격동기였습니다. 사람들이 불안과 열등감에 빠져 허우적거릴 때 그는 '용기를 주는' 심리학을 제창했습니다. **타인과 비교하지 않고, 어제의 나와 비교하고, 경쟁이 아닌 협력을 선택**하는 것을 의미합니다.

오늘날의 SNS는 그야말로 '비교와 경쟁'을 부추기는 장치입니다. 팔로워 수, 좋아요 수, 모든 것이 가시화되고 랭킹화 되어 있습니다. 아마도 아들러였다면 바로 그곳에서 내려올 용기를 가지라고 말했을 겁니다.

○ '좋아요'에서 자유로워지는 실천법

그렇다면, 아들러의 지혜를 활용해서 SNS를 잘 다루는 방법은 무엇일까요?

우선 의식적으로 '과제 분리'를 합시다. 업로드 여부를 결정하는 건 여러분의 과제.

한편, 여기에 '좋아요'를 누를지 결정하는 건 타인의 과제입니다. **타인의 과제를 간섭하지 않을 것.** 이것이 자유로 가는 첫걸음입니다.

이어서 업로드의 목적을 재설정합시다. '좋아요'를 받으려고 한 건지, 나의 체험을 기록하고 공유할 목적이었는지. 후자가 목적이라면 반응 숫자가 몇 개든 상관없습니다.

그리고 '보람'을 중요하게 생각합시다. 아들러는 **사람의 행복은 '공동체에 대한 기여'에서 탄생한다**고 이야기했습니다. 여러분이 업로드 한 사진을 보고 누군가 한 명이라도 즐거워했다거나 용기를 얻었다면 그것만으로 충분합니다.

○ '미움 받을 용기'와 SNS

아들러의 사상은 최근 '미움 받을 용기'로 다시 주목받았습니다. 이는 SNS 시대에 꼭 필요한 용기입니다.

모두에게 '좋아요'를 받으려 한다면 무난한 것만 올려야 합니다.

하지만 과연 그게 진짜 당신일까요?

아들러는 **'자유란 타인에게서 미움 받는 것'**이라고 말했습니다.

이것은 일부러 미움을 받으라는 말이 아닙니다. 타자의 평가에 휘둘리지 말고, 나의 가치관에 따라 사는 것. 그 결과, 누군가에게 미움을 받아도 그것을 받아들일 용기를 가지라는 말입니다.

다음에 SNS를 한다면, 스스로에게 질문해 보십시오. '이것은 누구를 위한 업로드일까?'

여러분도 '좋아요'의 노예가 되지 말고 내 인생의 주인공으로 SNS를 사용하면 어떨까요? 이것이 아들러가 100년을 뛰어넘어 보내는 메시지입니다.

The Keys to Thinking

과제를 분리하고 미움 받을 용기가 있다면,
우리는 당당하게 살아갈 수 있다.

온라인 회의에서 마음이 통하는 비결은?

온라인 회의의 침묵에서 생각하는 '공존재로서의 인간'

마르틴 하이데거 Martin Heidegger, 1889~1976

◌ 화면 너머 찾아온 어색한 침묵

온라인 회의가 시작되고 30분이 지났습니다. 의제 하나가 마무리 되어갈 즈음 "또 뭐가 있을까요?"라며 사회자가 질문합니다.

그리고 찾아온 그 특유의 침묵 시간.

화면으로 참가자의 얼굴은 보이지만, 누구 하나 입을 열지 않습니다. 대면 회의였다면 누군가 기침을 하거나,

자료를 넘기는 소리가 들리겠지만, 온라인에서는 완벽한 정적입니다.

드디어 누군가 "특별히 없습니다"라고 말하자, 다른 사람들도 이어서 "괜찮습니다"라고 말합니다. 다행이라는 생각과 조금 아쉬운 마음으로 회의가 끝났습니다.

이 미묘한 감각, 누구나 겪은 적이 있을 겁니다.

왜, 온라인 회의의 침묵은 이렇게 무겁게 느껴질까요? 사실, 여기에는 인간 존재의 본질이 숨어있습니다.

하이데거가 발견한 '현재론'과 '공존재'

제1장에서도 등장한 마르틴 하이데거. 그의 철학은 온라인 시대인 지금, 새로운 의미로 해석됩니다.

하이데거는 인간을 '현존재 Dasein'라고 불렀습니다. 이는 '거기에 존재하는 것'이라는 의미로 세상에 던져져 항상 무언가와 인연을 맺으며 존재하는 인간의 존재 방식을 말합니다.

그리고 이 현존재는 동시에 '공존재 Mitsein'이기도 하다는 점이 중요합니다. 즉, **우리는 처음부터 '타인과 함께 있는**

존재'입니다.

어렵게 들리지만, 온라인 회의의 예를 생각하면 쉽습니다.

대면 회의에서 우리는 같은 공간을 공유합니다.

누군가의 기침 소리, 펜을 돌리는 소리, 창문 밖의 풍경. 모든 것이 '공존'하고 있다는 감각을 만들어냅니다.

그런데 온라인에서는 각자가 다른 장소에 있습니다.

공유하는 건 화면과 음성뿐입니다. 하이데거의 표현을 빌리자면 '공존'의 조건이 충분하지 않은 상태입니다.

○ 우리는 왜 '틈間'이 필요할까?

하이데거는 인간의 존재를 '세계 내 존재In-der-Welt-sein'라고 표현했습니다.

우리는 그저, 물리적으로 존재하는 것이 아니라 의미의 연결망 속에서 타인과 함께 존재합니다.

'틈'이라는 개념은 하이데거의 사상을 잘 드러냅니다.

대화 속의 틈, 사람과 사람 사이의 틈, 공간으로서의 틈. 이 모든 틈이 관계성을 보여줍니다.

온라인 회의에서 잃은 것은 바로, 그 '틈'입니다.

발언 타이밍을 알 수 없고, 상대방의 호흡을 느낄 수 없습니다. 그리고 시선도 맞출 수 없습니다. 이 모든 상태는 '틈'이 소실되었기 때문입니다.

제2차 세계대전 후, 하이데거는 기술 문명의 문제를 깊이 고찰했습니다. 기술은 편리함을 가져오지만, 동시에 인간 본래의 존재를 부정한다고도 지적했습니다. 온라인 회의는 바로, 그 전형적인 예시일 것입니다.

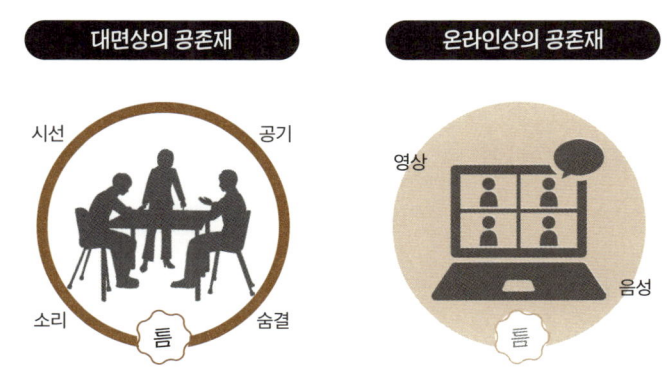

온라인에서는 '공존' 감각을 의식적으로 파악해야 한다.

○ 온라인에서도 '공존'하기 위해서

그렇다면, 이 하이데거의 통찰을 어떻게 실천하여 활용할 수 있을까요?

현대사회는 온라인 회의를 피할 수 없습니다. 그러니 새로운 '공존재'의 형태를 모색해야 합니다.

먼저 침묵을 두려워하지 맙시다. 온라인에서 침묵이 생기면 확실히 어색합니다. 그러나 이 또한 하나의 '공유체험'입니다. **'지금, 함께 침묵을 공유하고 있다'**라고 재설정하면, 새로운 '틈'이 탄생합니다.

다음은 **말 외의 커뮤니케이션**을 의식적으로 늘려보는 것입니다. 끄덕임, 표정, 제스처 등입니다. 카메라 앞에서는 과장된 몸짓처럼 보여도, 그 너머에서 우리는 서로의 존재를 확인하며 함께 있음, 즉 '공존재'를 만들어냅니다.

그리고 회의의 시작과 끝에 **'잡담 시간'**을 만드는 것도 중요합니다. 하이데거는 일상적인 대화 속에 바로, 본래적인 공존재가 있다고 생각했습니다. 날씨 이야기, 최근 생긴 일과 같은 싱거운 대화가 돈독한 관계를 만듭니다.

◯ 디지털 시대의 '공존재'로 살기

오늘날은 물리적으로 떨어져 있어도 디지털로 연결된 시대입니다. 그러나 하이데거라면 이렇게 질문할지 모릅니다. '그것을 정말 연결되어 있다고 할 수 있을까?'

온라인 회의에서 느끼는 위화감은 어쩌면 그의 질문에 대한 하나의 답일지도 모릅니다. 편리해진 만큼, 잃어버린 것도 있다. 이것을 자각하는 것이 중요합니다.

그러나 동시에 새로운 가능성도 열렸습니다. 전 세계 사람들과 순식간에 연결될 수 있습니다.

이는 새로운 형태의 '공존재'일 것입니다.

다음번 온라인 회의에서 침묵이 생긴다면 하이데거를 떠올려 보십시오. 그 침묵은 우리가 '공존재'임을 증명합니다.

설령 화면 너머라도 우리는 분명히 '공존'합니다. 그 감각을 중요하게 생각하고, 새로운 시대의 인간관계를 만들어 간다면 좋겠습니다.

The Keys to Thinking

지금, 이 순간을 살아가면서 동시에
언제나 타인과 공존하는 것이 사람이다.

2장 • 타인과 나 사이의 경계를 다시 정립하기

읽고 무시당하면, 왜 기분이 나쁠까?

애인에게서 오지 않는 답장을 보고 생각하는 '연애에서의 결여와 충족'

플라톤^{Platon}, 기원전 427년경~기원전 347년경

◌ 메시지를 보냈는데 읽음이 표시된 채, 답장이 오지 않는 그 시간

애인에게 메시지를 보낸 여러분, 평소와 다름없이 하루에 있던 일을 이야기하거나, 약속을 언제로 정할지 상의합니다. 문자를 보내자마자 바로 '읽음' 상태가 되었지만, 답장은 없습니다. 5분경과…

'바쁜가?' 10분이 경과… '기분 나쁜 말을 했나?' 30분경과… '혹시, 화났나?'….

 스마트폰을 몇 번이나 확인하고는 한숨을 쉽니다. 다른 일을 하려고 해도 머릿속에는 계속 '읽음' 상태인 일이 마음에 걸립니다.

 드디어 답장이 왔을 때 느껴지는 안도감. "미안, 일하고 있었어!"라는 한 마디에 조금 전까지 느낀 불안이 거짓말처럼 사라져갑니다.

 '왜 이런 일에 일희일비하는 걸까'

 이성적으로는 '별일 아니야'라고 받아들이려고 하지만 연애와 관련된 일이라면 폭주합니다. 이 신기한 감정의 변화, 사실 2400년 전의 철학자가 완벽하게 설명했습니다.

○ 플라톤이 이야기한 사랑의 본질

고대 그리스의 철학자 플라톤. 소크라테스의 제자이며, 아리스토텔레스의 스승이기도 한 그는 서양 철학의 기초를 만든 사람입니다.

 플라톤은 대화편 《향연 Symposion》에서 사랑에로스의 본질을 탐구했습니다. 그때 이야기한 신화는 오늘날 우리들의 연애 감정을 잘 설명했습니다.

아주 먼 옛날, 인간은 지금과는 다른 모습이었습니다. 구체球體 형태로 손발은 네 개씩, 얼굴도 두 개씩 있었습니다. 보기만 해도 강해 보이는 인간을 두려워한 신들은 그들을 완전히 둘로 갈라놓았습니다.

이후, 사람은 자신의 '깨어진 반쪽'을 계속 찾게 되었습니다.

이것이 유명한 '반신설'입니다. 우리가 사랑에 빠지는 이유는 잃어버린 나의 반쪽을 찾았기 때문이라고 합니다. 그러니 함께라면 완전하다는 기분이 들고 떨어지면 불안함을 느낍니다.

◯ 왜, 답장이 오지 않으면 이렇게 괴로울까?

플라톤에 따르면, 우선 사랑은 '결여'에서 탄생합니다. **없는 것을 추구하는 감정, 그것이 사랑의 원동력**입니다.

답장이 오지 않을 때 느끼는 괴로움은 바로 이 '결여'의 징후입니다. 메시지는 읽었지만 상대는 확실히 그곳에 있다, 답장은 없습니다 그러나 반응이 없다. 이 모호한 상태가 결여의 감정을 한층 더 증폭시킵니다.

심지어 플라톤은 사랑을 **'아름다운 것을 영원히 소유하고 싶은 욕구'**라고도 정의했습니다. 그런데 여기에 사랑의 모순이 있습니다. 완벽하게 소유하면 더는 찾을 필요가 없게 되고, 사랑도 사라질 수 있습니다.

그러니 연애는 항상 '다가왔다 멀어지기'를 반복합니다. 답장이 없다가, 드디어 오면 안심하지만, 다음에 같은 상황이 오면 또 불안해집니다. 이러한 상황의 반복이 바로, 사랑을 사랑답게 하는 조건일지 모릅니다.

마지막으로, 플라톤은 진정한 사랑은 육체적인 것을 넘어 정신적인 것으로 승화된다고 말했습니다. 이것이 '플라토닉 러브platonic love'의 어원입니다. 처음은 상대방의 외모에 끌리지만, 이윽고 마음의 아름다움 그리고 **아름다움 그 자체로 사랑의 대상이 승화**됩니다.

◯ 답장이 오지 않는 시간 동안 '철학'에 잠기기

그렇다면, 이 플라톤의 사랑 철학을 현대 연애에 어떻게 활용할 수 있을까요? 답장이 오지 않았을 때의 괴로움에서 벗어나는 방법은 있을까요?

우선, **'결여'를 사랑의 입구**라고 이해해 봅시다. 상대의 답장을 기다리는 시간, 그 시간은 괴롭지만 동시에 사랑을 느끼는 증거이기도 합니다. 만약 아무것도 느껴지지 않는다면, 그것은 더 이상 사랑이 아닙니다.

이어서 답장이 오지 않는 시간을 '나를 발견하는 시간'으로 활용합시다. **왜, 이렇게 불안할까?** 상대방에게 무엇을 바라고 있을까? 아마도 플라톤이라면 자기 인식의 첫 단계라고 말했을 겁니다.

그리고 **사랑을 '소유'가 아닌 '관계'로 재정의**합시다. 상대를 24시간 감시할 수도 없고, 그럴 필요도 없습니다. 서로에게 자유를 주고, 스스로의 의지로 선택하게 합니다. 이러한 관계가 바로, 성숙한 사랑입니다.

○ 디지털 시대의 사랑과 철학

플라톤이 살았던 시대는 당연히 문자도 메일도 없었습니다. 사랑의 편지를 보내면 답장을 며칠이나 기다려야 했습니다.

오늘날에는 '읽음'이라는 기능이 있어서 상대방의 행동을 눈으로 확인할 수 있습니다. 읽었는지 안 읽었는지, 온라인인지 오프라인인지를 알 수 있습니다. 모든 것을 알 수 있는 만큼, 불안함도 커졌습니다.

그러나 본질은 변하지 않습니다. 2400년 전이나 지금이나, 사람은 사랑하는 사람과 이어지기를 바라고, 그 반응을 애타게 기다립니다.

플라톤은 사랑을 통해 사람은 '선함'과 '아름다움'이라는 영원의 가치에 가까워진다고 생각했습니다. **답장이 바로 오지 않아 괴로운 시간도, 사실은 내 사랑의 깊이를 확인하고 상대방의 소중함을 재확인하는 기회**입니다.

다음번에 읽고 씹힘을 당한다면 화를 내기 전에 한 박자 쉬어봅시다.

이 감정의 흔들림이 바로, 깊은 사랑을 하고 있다는 증거입니다.

그리고 상대방에게서 답장이 왔을 때, 그때 느끼는 기

쁨을 소중히 즐겨보길 바랍니다. 그것은 2400년 전부터 계속 이어진 사람의 보편적인 행복입니다.

사랑은 결여에서 비롯되어 충족을 추구하다가, 다시금 새로운 결여를 향해 움직입니다. 그 영원한 순환 속에 우리는 살아있습니다.

The Keys to Thinking

**사랑은 결여를 초월해
영원한 아름다움을 추구한다.**

왜, 혼자 먹는 밥은 맛없을까?

 # 가족이 함께하는 식탁에서 생각하는 '공동체의 안에서의 최고의 선'

아리스토텔레스Aristoteles, 기원전 384년~기원전 322년

◌ 매번 하는 저녁 식사, 그러나 모두 모이지 않는 식탁

저녁 시간, 부엌에서 나는 저녁밥 냄새. "밥 먹으렴!"이라는 목소리가 집안을 울립니다.

그런데 모인 사람은 절반뿐입니다.

"아빠는?", "아직 일", "언니는?", "아르바이트 갔지", "그럼, 먼저 먹을까?"

식탁의 빈자리가 눈에 띕니다. 스마트폰을 보면서 먹는 사람, 열심히 텔레비전을 보는 사람. 대화도 끊긴 채, 식사가 끝나자마자 각자 자기 방으로 갑니다.

주말에 오랜만에 가족 모두가 모였을 때의 분위기와는 완전히 다릅니다. 음식은 똑같지만, 같이 먹으면 어쩐지 훨씬 맛있습니다. 대화가 오가고 웃음소리가 끊이지 않습니다.

"역시, 밥을 같이 먹으니 맛있네"

누군가의 이 말에 모두가 끄덕입니다. 당연하게만 느껴지는 이 풍경 속에, 사실은 인간 행복의 본질이 깃들어 있습니다.

○ 아리스토텔레스가 말한 '공동체'의 의미

고대 그리스의 철학자 아리스토텔레스. 플라톤의 제자이면서, 스승과는 다른 현실적인 철학을 발전시켰습니다.

그의 유명한 말 중에는 '사람은 폴리스적인 동물이다'가 있습니다. 폴리스는 도시국가를 말합니다. 즉, **사람은 본질적으로 공동체에서 사는 존재**라는 뜻입니다.

가족의 식탁은 가장 기본적인 공동체의 모습입니다. 아리스토텔레스는 가족오이코스, Oikos을 사회의 최소 단위로 중요하게 보았습니다.

왜 함께 식사하는 것이 중요할까요? 분명, 아리스토텔레스라면 단지 영양을 섭취하기 위해서라고는 하지 않았을 겁니다. 식탁에 앉음으로써 우리는 '최고의 선에우다이모니아, Eudaimonia'을 실천하고 있는 것입니다.

'최고의 선'은 단순한 생존이 아닙니다. 사람으로서 충만하고 행복한 생활을 말합니다. 그리고 이것은 혼자서 이룰 수 없습니다. 타인과 함께 특히, 가까운 사람과 함께 지냄으로써 비로소 실현됩니다.

식사를 따로 하면 외로운 이유는?

현대사회의 가족은 모두 바쁩니다. 일과 학교, 학원 등 각자의 일정이 맞지 않아 함께 식탁에 앉는 일이 점점 어려워졌습니다.

그러나 왜, 우리는 '함께 먹고 싶어'라고 생각할까요?

아리스토텔레스는 사람에게는 '공동성을 추구하는 자

연스러운 경향'이 있다고 생각했습니다. 우리는 본능적으로 타인과 관계 맺기를 바랍니다.

　식사를 함께하는 것은 단순히 같은 장소에서 먹는 것 이상의 의미를 지닙니다.

　같은 것을 먹고 같은 시간을 보내고, 서로의 존재를 확인합니다. 이것은 원시 시대부터 이어져 온 사람의 근원적인 삶의 방식입니다.

　아리스토텔레스는 **'덕德,아레테,arete'**의 중요성도 이야기했습니다. 덕은 용기, 절제, 정의 등을 의미하며 이는 공동체 속에서만 기를 수 있습니다.

　가족의 식탁은 바로, 덕을 배우는 장소입니다. 연장자를 존경하고 어린 사람을 위로하며, 음식에 감사하고, 대화로 지혜를 서로 교환합니다. 이 모든 것이 사람으로 성장하는 데 필요한 자양분입니다.

◌ 현대에 살아있는 '식탁의 철학'

그렇다면 이 아리스토텔레스의 가르침을 현대의 우리는

어떻게 실천할 수 있을까요?

가족 모두가 모여 식사하기 어려울 때는 어떻게 '공동체'를 유지하면 좋을까요?

우선, 일주일에 한 번이라도 '가족의 날'을 정해봅시다. 그날만은 일정을 가능한 맞춰서 함께 식사합니다. 완벽할 필요는 없습니다. 아리스토텔레스도 **'중용메소테스, mesotes'**의 중요성을 언급했습니다. 과하지도 부족하지도 않게, 알맞은 균형을 찾아내는 것이 핵심입니다.

이어서 식사 중에는 스마트폰을 피합시다. 디지털 기기는 편리하지만, 눈앞의 사람과 보내는 '지금 여기'의 시간을 빼앗습니다. 아리스토텔레스라면 그것은 '최고의 선'에서 멀어지는 행위라고 할 것입니다.

그리고 식탁에서 대화를 소중히 여깁시다. 그날 있었던 일, 느꼈던 일, 생각한 것 등 별거 아닌 대화라도 상관없습니다. 대화를 나누면 가족이라는 공동체의 유대가 한층 더 깊어집니다.

◌ 가까운 공동체에서부터 시작하는 행복

아리스토텔레스는 행복은 '활동' 속에 있다고 생각했습니다. 그저 가만히 있으면 행복해질 수 없으며 행동하고, 실천해야 비로소 행복이 탄생한다고 했습니다.

가족과의 식사도 마찬가지입니다. 그저 함께 있기만 하지 말고 적극적으로 관계를 맺을 것.

요리를 나르거나, 상차림을 돕거나 정리를 분담합니다. 이러한 공동 작업이 바로, 행복으로 가는 길입니다.

오늘날은 개인주의 시대라고 합니다. 그러나 아리스토텔레스의 철학은 우리에게 이렇게 묻습니다. 정말로 혼자서 행복한가요?

앞에서 고대 그리스의 공동체인 폴리스를 언급했습니다. 가족의 식탁은 가장 가까운 폴리스입니다. 그곳에서 배운 덕과 유대가 훨씬 큰 공동체로 확장됩니다. 좋은 가족은 좋은 사회를 만들고, 좋은 사회가 좋은 국가를 만듭니다. 아리스토텔레스는 이렇게 믿었습니다.

오늘 저녁 식사는 누구와 함께 먹나요? 두 사람만 있어도 그것은 훌륭한 공동체입니다.

 "잘 먹겠습니다", "잘 먹었습니다"라는 말을 주고받고 같은 밥솥의 밥을 먹습니다. 이 평범한 일상에 2300년 전의 철학자가 말한 '최고의 선'으로 가는 길이 이어져 있습니다.

> **The Keys to Thinking**
>
> 사람은 공동체에서 활동하면서
> 행복을 얻는다.

싸운 후에 전보다 훨씬 사이가 좋아지는 이유는?

친구와의 다툼을 통해 생각해 본 '변증법적 발전'

G·W·F 헤겔 Georg Wilhelm Friedrich Hegel, 1770~1831

◌ 작은 일로 시작된 친구와의 어색한 분위기

항상 함께 잘 지내던 친구와 약간의 의견 차이로 언쟁을 한 여러분.

'그럴 생각은 아니었는데…'

서로 사과도 없이 어색한 분위기로 헤어졌습니다. 단톡방도 조용하고 다른 친구도 아무 말이 없습니다.

며칠이 지나도, 답답한 기분이 가시지 않습니다. 사과

하기에는 내가 잘못한 것도 없어서 억울하고, 상대방의 연락을 기다리자니 마음이 답답합니다. 그런데 자존심이 자꾸만 발목을 잡습니다.

이럴 때 다른 친구가 아무렇지도 않게 나섭니다. 서로에게 솔직하지 못한 채 다시 연락했지만, 대화를 나누다 보니 어느새 예전처럼 편한 사이로 돌아왔습니다. 어쩌면 이전보다는 사이가 더 깊어진 기분입니다.

'왜 그런 일로 싸웠지'

'그래도 덕분에 서로를 더 잘 알게 된 것 같아'

이 대립과 화해의 과정은 사실 인간관계가 성장하기 위한 필연적인 과정일지 모릅니다.

헤겔이 발견한 '대립을 통한 발전'

제1장에서도 등장한, 19세기 독일의 철학자 헤겔. 그는 '변증법'이라는 특유의 사고법으로도 유명합니다.

변증법은 쉽게 말하면 '대립을 통해 발전한다'라는 원리입니다.

테제정, 正, These와 안티테제반, 反, antithesis가 서로 충돌하여, 그 대립을 뛰어넘는 훨씬 고차원의 진테제합, 合, synthesis가 탄생한다고 합니다.

친구와의 싸움은 바로, 이 변증법을 잘 보여주는 사건입니다. 처음에는 여러분의 의견테제과 친구의 의견안티테제이 충돌하여 대립합니다. 그러나 그 대립을 초월하면 새로운 이해진테제가 탄생합니다.

헤겔은 '진리는 전체다'라고 말했습니다. 일방적인 견해는 진실을 볼 수 없습니다. 나와 다른 의견도 들어보았을 때 비로소 전체상이 보입니다.

친구와의 싸움도 마찬가지입니다. 나만이 옳다고 주장하면, 관계는 진전되지 않습니다. 상대방의 상황도 이해하고 두 입장을 모두 포함하여 새로운 관계를 만드는 것이 중요합니다.

왜 대립은 피할 수 없을까?

'하지만 싸움은 좋지 않은데…'

이렇게 생각할 수도 있습니다. 확실히 대립은 괴롭습니다. 그러나 헤겔은 대립이야말로 발전의 원동력이라 했습니다.

사람은 저마다의 경험과 가치관, 감정을 지니고 있어 완전히 같은 사람은 없습니다.

그러니 **깊은 관계를 맺으려 할수록, 서로 다름이 드러나는 것은 당연**합니다.

문제는 대립 그 자체보다도 그것을 어떻게 극복할지가 훨씬 중요합니다.

헤겔의 시대는 프랑스 혁명과 나폴레옹 전쟁 등 대대적인 사회변동이 있던 시기였습니다. 오래된 질서와 새로운 이상이 격렬하게 부딪히는 시대였습니다. 그때 그는 '대립을 통한 진보'라는 역사관을 확립했습니다.

현대의 우리들도 매일 조금씩 '혁명'을 경험합니다. 친구와의 싸움, 가족과의 충돌, 직장에서의 의견 차이. 이 모든 것이 훨씬 좋은 관계로 가는 과도기의 사건입니다.

◯ 대립을 성장으로 바꾸는 실천법

그렇다면 헤겔의 변증법을 인간관계에서 어떻게 활용할 수 있을까요? 싸움을 두려워하지 않으면서 상처를 주지 않는 방법은 있을까요?

우선, 대립이 발생하면 그것을 '끝'이 아닌 '시작'이라고 생각하는 겁니다.

싸움은 관계의 끝이 아니라 새로운 단계로 가는 입구입니다. 이러한 관점의 전환이 건설적인 해결로 가는 첫 단계입니다.

이어서 나의 감정과 상대방의 감정, 모두를 인정하는 것입니다. '나는 상처받았다'는 감정과 '상대방에게도 이유가 있다'는 이해, 이 두 마음을 함께 받아들이는 것이 바로 헤겔이 말한 '지양止揚, 아우프헤벤, Aufheben'입니다.

또한, 시간이 걸린다는 것을 두려워하지 맙시다. 변증법적 전환은 순식간에 이루어지지 않습니다. 대립으로 잠시 멀어졌다가, 내면을 들여다본 후 다시 가까워집니다. 이 과정을 겪으면 관계는 더디지만 한층 더 성숙해질 것입니다.

◯ 디지털 시대의 대립과 화해

현대는 SNS 시대. 대립도 화해도 디지털 공간에서 이루어지는 경우가 늘었습니다.

문자만 주고받으면 오해가 생기기 쉽고 감정적 대립으로 이어지기 쉽습니다.

그러나 헤겔의 관점에서 보면, 이 또한 새로운 형태의 변증법입니다. 직접 보면 할 수 없는 것을 말하거나, 시간을 들여 생각하고 대답합니다. 이처럼 디지털 나름의 장점이 있습니다.

단, 화면 너머에 있는 존재가 진짜 사람이라는 사실을 잊지 말아야 합니다.

대립이 두려워 얕은 관계에만 머물지 말고, 깊은 이해를 추구하는 대화를 나눕시다.

친구와의 싸움은 누구에게나 괴로운 경험입니다. 그러나 그만큼 그것을 극복했을 때의 기쁨 또한 각별합니다. **전보다 깊은 신뢰, 강한 유대감, 넓은 이해. 이것은 모두 대립이라는 시련을 극복하고 얻은 보물**입니다.

다음에 친구와 의견이 대립할 때는 헤겔의 관점을 떠올

려 봅시다. 그 경험은 오히려 관계를 더 좋게 만드는 계기가 될 것입니다.

용기를 내어 마주하고 이해하며 대화를 이어갑시다. 그 끝에는 분명 새로운 세상이 열려있습니다.

The Keys to Thinking

**대립을 뛰어넘어야
비로소 진실한 관계를 맺을 수 있다**

왜 반려견의 감정은 말이 아니어도 전달될까?

반려견과 교감하며
생각하는 '공감의 도덕 감정론'

데이비드 흄 David Hume, 1711~1776

◌ 반려견을 쓰다듬는 손끝에서 전해지는 따뜻한 감각

일을 마치고 집에 돌아와 문을 열면, 꼬리를 흔들며 뛰어나오는 반려견.

'다녀왔어! 기다렸지'

앉아서 머리를 쓰다듬어주자, 반려견이 미소를 지으며 몸을 기댑니다. 부드러운 털 결, 따뜻한 체온, 규칙적인 호흡. 말은 통하지 않지만 어쩐지 마음이 통하는 느낌입니다.

2장 • 타인과 나 사이의 경계를 다시 정립하기

지친 마음이 조금씩 풀립니다. 반려견도 기쁜 듯이 손을 핥습니다.

'이 다이도 오늘 하루, 열심히 기다려주었구나'

그렇게 생각하자 너무 귀엽고 사랑스럽습니다. 반려견은 사람처럼 말도 못 하고 복잡한 생각도 하지 못합니다. 그런데 어떻게 깊은 유대관계를 느낄 수 있을까요?

이 신기한 감각에는 사실 인간의 '공감' 능력의 본질이 숨어 있습니다.

흄이 발견한 '감정의 공명'

18세기 스코틀랜드의 철학자 데이비드 흄. 제1장에서도 등장한 그는 인간 심리를 과학적으로 분석했습니다.

흄은 **도덕의 기초는 이성이 아니라 '감정'에 있다**고 주장했습니다. 특히 '공감sympathy' 능력을 중요하게 보았습니다.

어려운 말 같지만, 반려견과의 관계를 떠올리면 이해가 쉽습니다.

반려견을 쓰다듬을 때 우리는 개의 기분을 '느끼고'있습니다. 기쁜 표정, 긴장이 풀린 몸짓, 만족한 듯한 숨결… 이러한 것들을 통해 개의 감정은 나에게 '전염'됩니다.

흄은 이를 **'인상의 전파'**라고 불렀습니다. 타인이 경우 반려견이 감정을 표현하면, 그것을 본 내 안에서 비슷한 감정이 일어납니다. 이것이 공감의 메커니즘입니다.

포인트는 이것이 이론이 아닌, 직접적인 감각이라는 사실입니다. 우리는 '반려견이 기뻐하고 있다'라고 추론이 아닌 개의 기쁨을 곧바로 느낍니다.

○ 어떻게 동물과 공감할 수 있을까?

'그런데 반려견과 사람은 종이 다른데 어떻게 공감하지…'

확실히 종을 뛰어넘은 공감은 신기합니다. 그러나 흄이라면, 그것이 바로 공감의 본질이라고 답할 것입니다.

공감은 완벽한 이해가 필요 없습니다. 오히려 말과 이론을 뛰어넘는 영역에서 발휘되는 능력입니다.

반려견을 기르는 사람이라면 잘 알 것입니다. 개나 고양이의 기분은 표정이나 몸짓, 울음소리로 전달됩니다. 슬플 때는 위로하러 오거나, 기쁠 때는 함께 즐거워합니다.

흄은 이 공감 능력이 바로, 사회를 구성하는 기초라고 생각했습니다. **타인의 아픔을 나의 아픔처럼 느끼고, 타인의 기쁨을 나의 기쁨처럼 느낍니다. 그래서 우리는 서로 협력할 수 있습니다.**

18세기는 이성의 시대라고 불린 만큼 감정은 열등하다고 보았습니다. 그러나 흄은 감정, 특히 공감의 중요성을 주장했습니다. 반려견과의 관계는 공감이 눈에 보이는 형태로 나타나는 순간입니다.

◯ 반려견이 가르쳐주는 공감의 원점

그렇다면 이 흄의 통찰을 일상생활에 어떻게 활용할 수 있을까요? 반려견과의 관계에는 원활한 인간관계를 위한 힌트가 숨어 있습니다.

먼저, 말에 너무 의존하지 않는 것입니다. 반려견과의 커뮤니케이션은 비언어적입니다. 쓰다듬기, 바라보기, 함께 있기. 이러한 행위가 깊은 유대관계를 만듭니다. 인간관계에서도 때로는 말보다 행동이 중요할지 모릅니다.

이어서 상대방의 감정에 솔직하게 반응하는 것입니다. 개가 기뻐한다면 함께 기뻐하고, 외로워한다면 옆에 있어 줍니다. 이 단순한 반응이 사실, 공감의 기본입니다. 복잡하게 생각하지 말고 사람에게도 느낀 그대로 적용해 보는 건 어떨까요?

그리고 공감에는 '정답'이 없다는 사실을 이해합시다. 반려견의 감정을 완벽하게 이해할 수는 없습니다. 그러나 **이해하려는 자세, 느껴보려는 노력이 깊은 관계**를 만듭니다.

○ 종을 뛰어넘은 사랑이 알려주는 것

요즘에는 반려견을 가족처럼 생각하는 사람이 많습니다. '펫로스'라는 단어가 있을 정도로 반려견이 죽으면 슬퍼하는 사람이 많습니다.

이성적으로 보면, 종이 다른 생물에게 이렇게까지 감정이입을 한다는 사실이 놀랍습니다. 하지만 흄의 이론을 적용해 보면, 바로 이 점이 인간의 뛰어난 특성입니다.

우리는 나와 다른 존재에도 공감할 수 있습니다. 말이

통하지 않아도 마음을 나눌 수 있습니다. 이 능력이 있기에 인류는 협력하고 문명을 만들었습니다.

반려견을 쓰다듬을 때 느껴지는 따뜻한 감각. 그것은 단순한 체온 전달 이상의 의미를 지닙니다. 바로, 감정이 전해지고, 마음이 교류하며, 존재와 존재가 맞닿는 순간을 의미합니다.

흄은 '이성은 정념의 노예다'라고 말했습니다. 이는 이성을 경시한 것이 아니라, 감정의 중요성을 강조한 말입니다. 반려견과 매일 매일의 일상은 이 진리를 깨우쳐줍니다.

오늘, 반려견과 함께할 시간이 있다면, 여유를 가지고 함께 즐겨봅시다. 그 손에 전해지는 감각, 눈에 보이는 표정, 마음에 스며드는 감정. 모든 것이 흄이 말한 공감의 기적입니다. 이 공감 능력을 사람과의 관계에 적용할 수 있다면 세상은 분명히 훨씬 더 살기 좋은 곳이 될 것입니다.

The Keys to Thinking

**감정을 공감하는 순간,
이성이라는 장벽도 무의미해진다.**

상대방에게 감사의 마음을 잘 전하려면?

'고맙습니다' 이 한마디로
생각하는 '인仁과 예禮'

공자孔子, 기원전 551년~기원전 479년

❂ 겨우 다섯 글자로 분위기가 바뀌는 순간

회의 자료를 만드느라 정신이 없는 여러분. 마감까지 한 시간밖에 남지 않았습니다. 그때, 동료가 내 책상 위에 간식을 올려두고 갑니다.

"이거 괜찮으면 먹어요"

초콜릿과 커피. 고개를 들어보니 동료는 벌써 자기 자리로 돌아갔습니다.

2장 • 타인과 나 사이의 경계를 다시 정립하기   119

"고마워요, 이제 살겠어"

별거 아닌 말 한마디에 동료의 얼굴이 밝아졌습니다. 살벌했던 사무실의 분위기도 조금은 부드러워진 기분입니다.

일상생활에서 주고받는 감사의 말. 하지만 같은 "고맙습니다"라는 말이라도, 사무적으로 말할 때와 마음을 담아 말할 때 상대에게 주는 인상은 전혀 다릅니다.

아침에 아내가 차려준 식사를 보고 "잘 먹을게"라고 말만 하고, 스마트폰을 볼 때와 눈을 바라보며 "아침부터 맛있는 음식 고마워"라고 말할 때의 차이는 분명합니다.

그렇다면, 그 차이는 무엇일까요? 그 대답을 2500년 전의 중국에서 한 사상가 들려주었습니다.

공자가 말한 '인'과 '예'의 조화

고대 중국의 사상가 공자. 그의 가르침이 집약된 《논어》는 동아시아 문화의 기초가 되었습니다.

공자 사상의 핵심은 '인'과 '예'라고 해도 과언이 아닙니다.

=='인'은 사람을 생각하는 마음, 애정, 자애 그리고 내면에서 우러나오는 따뜻한 감정입니다. 한편 '예'는 그 마음을 표현하는 형식, 작법, 매너==를 말합니다.

감사의 말을 생각해 봅시다. 마음에서 우러나오는 고마운 감정이 '인' 그리고 '고마워'라는 말로 전하는 행위가 '예'입니다.

공자는 둘 다 중요하다고 말했습니다. 마음은 그것을 형태로 표현해야 상대방에게 전달됩니다. 한편, 형태만 있고 마음이 없으면 공허합니다. '인'과 '예'가 조화롭게 어우러져야 비로소 진실한 인간관계가 탄생합니다.

제자가 "인이란 무엇입니까?"라고 질문하자 그는 =='사람을 사랑하는 것'==이라고 대답했습니다. 단순하지만 깊이 있는 대답입니다.

'인이란 사람을 사랑하는 것'

◌ 형식과 마음, 왜 둘 다 필요할까?

현대인인 우리는 무심코 '마음이 있으면 형태는 필요 없다'라고 생각합니다. 그런데 공자는 왜 '예'가 중요하다고 했을까요?

인간은 사회적인 존재이기 때문입니다. 아무리 마음으로 생각해도 표현하지 않으면 상대방에게 전달되지 않습니다. **감사한 마음을 말로 할 때 비로소 내 생각이 상대방에게 전달**됩니다.

반대로 형태만 갖춘 말도 문제입니다. 공자는 '예가 빠진 예'를 싫어했습니다. 마음이 담겨있지 않은 의례는 오히려 인간관계를 해친다고 생각했습니다.

공자가 살았던 춘추 시대는 오래된 질서가 무너지고 전

란이 이어지는 혼란기였습니다. 사람들은 자기의 이익만을 추구했고 신뢰 관계는 무너졌습니다.

이러한 시대에 공자는 '인'과 '예'로 인간관계를 재구축해야 한다고 호소했습니다. 짧은 감사의 말에서 시작하는 신뢰의 회복을 추구했습니다.

◯ 일상에 살아있는 논어의 가르침

그렇다면 이 공자의 가르침을 오늘날의 우리는 어떻게 실천할 수 있을까요?

먼저, 감사의 감정을 솔직하게 표현합시다. '말 안 해도 알 거야'라고 생각하지 말고 제대로 전달합시다. 그것이 '예'의 첫 단계입니다.

다음은 상대방을 잘 살펴보는 것입니다. 공자는 **'그 사람을 보고 예의를 갖추라'**라고 가르쳤습니다. 상대방이 피곤할 때, 괴로울 때, 기쁠 때, 상황에 따라 전달 방법이 다릅니다.

그리고 일상생활 속 작은 고마움을 알아차립시다. 아

침 식사를 만들어준 사람, 길을 양보해 준 사람, 일을 도와준 사람. 이들의 고마움을 당연하다고 생각하지 말고 한 사람, 한 사람에게 감사의 마음을 전합시다. 그것이 '인'의 마음을 길러줍니다.

○ 다섯 글자가 만드는 신뢰의 고리

공자의 유명한 말 중 '기소불욕 물시어인己所不欲勿施於人'이라는 말이 있습니다. **내가 해서 기분 나쁜 일은 다른 사람에게도 하지 맙시다**라는 뜻입니다.

반대로 생각하면, **내가 받아서 기분 좋은 일은 적극적으로 남에게 하자**는 말이 됩니다.

감사의 말을 듣고 싫어하는 사람은 없습니다. 그러니 우리도 적극적으로 전달해야 합니다.

현대사회는 공자가 살던 시대 이상으로 복잡합니다. SNS에서의 대화, 원격 근무, 세계화 등의 변화로 형식적인 커뮤니케이션이 늘어나는 상황에서, 마음이 담긴 감사의 가치는 오히려 더 빛나고 있습니다.

공자는 '**인자애인仁者愛人**'이라고 했습니다. 사랑한다는 건 상대방을 소중히 여기고 그 감정을 행동으로 표현하는 것입니다.

'고맙습니다'라는 다섯 글자의 말. 여기에 '인'의 마음을 담아 '예'로 표현합시다. 이 작은 실천이 사람과 사람 간의 신뢰를 이어줍니다.

오늘, 누군가에게 감사를 전달할 때 2500년 전의 가르침을 떠올려 봅시다. 형태만이 아니라 마음을 담아서 그리고 마음만이 아니라, 형태로 표현합시다.

이 둘이 적절히 조화되면 분명 상대방의 마음에 진심이 전해질 것입니다. 이런 일이 많아지면, 훨씬 좋은 사회가 될 것입니다. 공자가 꿈꾼 이상은 오늘도 우리의 일상에 살아있습니다.

The Keys to Thinking

좋은 인간관계는 인과 예를 삶 속에서
실천할 때 비로소 성립한다.

8

배려석에서 자는 척하는 나는 나쁜 사람일까?

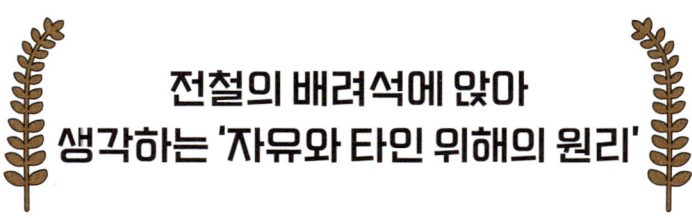

전철의 배려석에 앉아 생각하는 '자유와 타인 위해의 원리'

존 스튜어트 밀 J·S Mill, 1806~1873

○ 양보할까? 아니면 계속 앉아 있을까?

아침 출근 전철 안. 여러분은 배려석에 앉아 있습니다. 어제 야근해서 몸이 무겁습니다. 눈을 감고 잠깐의 휴식을 취합니다.

그때, 갑자기 인기척이 느껴져 눈을 떴습니다. 눈앞에 연세가 지긋한 여성분이 서 있습니다. 나를 쳐다보는 건 아니고, 그냥 손잡이를 잡고 서 있을 뿐입니다.

'양보해야 할까…그런데 나도 오늘 정말 피곤한데'
'상대방이 양보해달라고 한 것도 아니고…'

주변 승객의 찌르는 듯 한 시선이 어쩐지 신경 쓰입니다. 바로 옆자리에는 스마트폰 삼매경인 젊은이가 앉아 있습니다. 그 사람은 전혀 신경 쓰지 않는 모습입니다.

그 순간, 여러분 안에서 갈등이 생깁니다. 계속 앉아 있을 권리와 양보해야 한다는 도덕심. 어느 쪽을 선택해도 찝찝한 마음이 남을 것 같습니다.

◯ 밀이 주장한 '타인 위해의 원리'

19세기 영국의 철학자 J·S 밀. 그는 《자유론》에서 개인의 자유와 사회 질서를 조화시키는 원리를 제시했습니다.

'개인행동의 자유는 타인에게 위해를 가하지 않는 한 제한하지 않아야 한다'

배려석 이야기를 떠올려 봅시다. 피곤한 내가 자리에 계속 앉아 있는 것이 과연, 직접적인 '위해'일까요? 고령자에게 물리적인 폭력을 가한 것은 아닙니다. 먼저 온 사람이 임자'라는 말도 있습니다. 그러나 밀은 이때 '위해'를 좁은 의미로만 해석하지 않았습니다. 고령자가 계속 서 있을 때 느끼는 신체적인 부담, 그것을 그냥 지켜보는 것도 넓은 의미에서는 '위해'입니다.

흥미로운 사실은 밀이 '법적 의무'와 '도덕적 의무'를 구별했다는 점입니다. 배려석을 양보하는 건 법률상 강제가 아닙니다. 그러나 그는 사회가 잘 돌아가려면 법률을 뛰어넘은 배려가 필요하다고 생각했습니다.

◌ 보이지 않는 사정 속의 복잡함

요즘 전철에서 발생하는 문제는 훨씬 복잡합니다.

겉보기에는 멀쩡해 보이지만 장애나 병이 있는 사람이 늘었습니다. 젊어 보여도 심장 조절기를 하고 있을지 모릅니다. 건강하게 보여도 항암 치료 중일 수도 있습니다. 반대로 나이가 들어 보여도 '자리를 양보할 정도로 고령자가 아니다'라며 자존심에 상처를 입는 사람도 있습니다. 선의로 양보했더니 거절당해서 찜찜한 기분을 맛본 사람도 많을 것입니다.

참고로 밀은 '질적 공리주의'를 주장하기도 했습니다. 이는 행복에 관해서는 양뿐만 아니라, 질을 중시하는 사고방식을 뜻합니다. 판단이 어려운 배려석 문제에 가장 적절한 접근 방식입니다.

◯ 현대를 살아가는 우리가 할 수 있는 '자유'의 실천

이 밀의 사상을 일상에서 어떻게 활용할 수 있을까요?

먼저, 상대방이 어떤 입장인지 상상하는 것입니다. 내 앞에 서 있는 사람은 진짜 자리에 앉고 싶은 사람일까? 동시에 나의 컨디션도 솔직히 판단합시다. 정말 피곤하다면, 그것도 존중해야 할 사실입니다.

이어서 대화해 봅시다. 상대에게 "앉으실래요?"라고 물어봅니다. 거절당해도 그것은 그 사람의 선택입니다. 제안한 것 그 자체에 의미가 있습니다.

또한, 멋대로 판단하지 않아야 합니다. 젊은 사람은 건강하다, 연장자는 약하다, 이러한 고정관념을 버립시다. 보이는 것만으로 판단하지 말고 그때의 상황을 종합적으로 고려하여 유연하게 대처하는 것이 중요합니다.

○ 정답이 없는 질문과 마주하다

전철의 배려석은 현대사회의 어려움을 상징합니다. 명확한 가해자도 피해자도 없습니다. **모두가 조금씩 참고, 배려합니다. 그 미묘한 균형 덕분에 사회가 유지됩니다.**

밀은 '내 일에 관해서라면 각 개인은 누구에게도 속하지 않고 완전히 자유롭다'라고 말했습니다.

피곤하면 앉을 권리, 그것은 지켜야 합니다.

그리고 또 하나, '타인과 관련된 일은 사회가 책임을 진다'라는 점을 잊지 말아야 합니다. 이 책임을 어떻게 질 것인지는 상황에 따라 다릅니다.

다음에 전철에 탔을 때 배려석 앞에 서 보십시오. 거기에는 단순한 선악으로는 결정할 수 없는 인간 사회의 복잡함이 있습니다.

정답은 없습니다. 그러나 그 자리에서 최선을 다해 선택합시다. 때로는 양보하고 때로는 계속 앉아갑시다. **어느 쪽을 선택하든, 타인의 상황을 고려하는 것을 잊지 맙시다.**

150년 전, 밀의 이 원리는 일상의 이러한 선택 속에 살아있습니다. 완벽한 사회는 없습니다. 그러나 서로 배려하는 마음이 있다면 진정한 공존이 가능합니다.

(The Keys to Thinking)

**개인의 자유는 타인에게
위해를 가하지 않는 한 보장된다.**

COLUMN 2

'인간관계의 거리감' 배우기

인간관계에서 이상적인 거리감을 찾는 일은 쉽지 않습니다. 제2장에서 배운 여덟 가지 관점을 활용해, 여러분의 인간관계를 '적절하게' 조절하는 방법을 생각해 봅시다.

철학 카페를 시작하며 깨달은 것은 적당한 '거리감'이 무엇인지 고민하는 사람이 많다는 점입니다. SNS의 사용으로 인간관계도 복잡해져서 피곤하지만, 그렇다고 외로운 건 싫습니다. 타인을 도와주고 싶지만, 너무 의존하고 싶지 않습니다. 이러한 딜레마가 바로, 오늘날 인간관계의 핵심입니다. 이에 제2장의 철학자들의 지혜를 빌려 관계성을 진단하는 '거리감 측정기'를 만들어 보았습니다.

【인간관계·거리감 체크】

신경 쓰이는 사람이나 주변의 한 사람을 떠올린 후, 다음의 질문에 대답해 봅시다. (1~5점으로 채점)

☐ 그 사람에게서 받은 '좋아요'나 칭찬이 신경 쓰이는 정도(아들러)

(과도하게 신경 쓰인다)　5·4·3·2·1　(전혀 신경 쓰이지 않는다)

☐ 함께 있지 않을 때의 존재감(하이데거)

(항상 의식한다)　5·4·3·2·1　(거의 잊고 지낸다)

☐ 만나지 않을 때 외로움(플라톤)

(견딜 수 없다)　5·4·3·2·1　(전혀 아무렇지 않다)

☐ 연락하는 빈도에 대한 만족도(아리스토텔레스)

(좀 더 같이)　5·4·3·2·1　(지금도 너무 많다)

☐ 대립을 두려워하는 정도(헤겔)

(절대로 피한다)　5·4·3·2·1　(당당하게 대립할 수 있다)

☐ 상대방의 감정에 대한 공감도(흄)

(감정에 휩쓸린다)　5·4·3·2·1　(냉정하게 지켜본다)

☐ 감사를 말로 하는 빈도(공자)

(자주 함)　5·4·3·2·1　(거의 하지 않는다)

☐ 상대방의 자유를 존중하는 정도(밀)

(너무 간섭한다)　5·4·3·2·1　(완전히 자유)

> **[진단 결과를 읽는 법]**
>
> 합계 점수가 아닌, 항목별 균형을 봅시다.
>
> 거의 4~5점 : 너무 가까운 관계일지도. 아들러의 '과제의 분리'를 적용하기!
> 거의 ~2점 : 너무 먼 관계일지도. 흄의 '공감'을 의식하기!
> 3점이 많다 : 균형 잡힌 관계. 그러나 때로는 변화도 필요한 정도

재미있는 사실은 상대에 따라 이 패턴이 변한다는 점입니다. 예를 들어 연인이라면 5가 많고 동료는 2가 많습니다. 관계마다 '적정 거리'가 있습니다. 과거어 저는 동료와의 관계에서 '대립을 두려워하는 정도' 문항 점수가 5점이었습니다. 그러나 헤겔의 철학을 알고 나서 건강한 대립이 중요하다는 사실을 알게 되었고, 지금은 되도록 누구와도 진심을 담아 이야기하는 시간을 가진 덕분에 3점까지 개선되었습니다.

자, 그러면 제3장에서는 '사물'과의 관계를 봅시다. 인간관계에서 배운 적당한 '거리감'을 유지하는 비결은 의외로 사물과의 관계에도 적용할 수 있습니다.

3장

환경에 얽매이지 않는 삶을 사는 법

— 소유와 소비에 가득한 철학

여러분이 사물을 소유하고 있는 것일까요?

아니면 사물이 여러분을 소유하고 있는 것일까요?

이런 생각을 해본 적이 없나요?

옷장에는 입지 않는 옷, 스마트폰에 사로잡힌 하루하루,

실체가 없는 '돈'

왜 버릴 수 없을까요? 왜 놓지 못할까요? 왜 가치가 있을까요?

편리한 도구이지만, 어느새 주객전도.

필요와 욕망의 경계선은 어디에 있을까요?

이번 장에서는 '소유와 소비'에 얽힌 수수께끼를 탐구해 봅시다.

정리 정돈에 담긴 심층 심리부터 현금이 없는 사회가 의미하는 것은 무엇인지.

사물과 새로운 관계를 맺는 것은

새로운 삶의 방식을 선택하는 일이기도 합니다.

내가 기른 이 채소는 정말 내 것일까?

공동 텃밭에서 생각하는 '소유권과 자연권'

존 로크 John Locke, 1632~1704

◌ 빌린 토지에서 기른 채소는 누구 것일까?

주말 아침, 여러분은 한 달 계약한 공동 텃밭에 갑니다. 도심에서 조금 떨어진 곳에 구획 별로 빌려주는 농장이 있습니다. 3개월 전부터 빌린 5평 방 미터 남짓한 작은 밭에서 상추와 가지를 길렀습니다. 그리고 오늘이 세 번째 채소를 심는 날입니다. 옆자리에서는 다른 이용자가 열심히 잡초를 뽑고 있습니다.

물을 주다가 갑자기 신기한 기분이 들었습니다.

토지는 농장회사의 것입니다. 계약이 끝나면 이 구획을 사용할 수 있는 권리도 없어집니다.

그런데 씨를 뿌리고 물을 주고, 잡초를 뽑은 사람은 분명히 나입니다. 그렇다면 이곳에서 수확한 토마토는 누구의 것일까요?

이 현대적인 농장 형태 속에는 오래되었지만 새로운 '소유권'의 문제가 숨어있습니다.

로크가 이야기한 '노동에 의한 소유권'

17세기 영국의 철학자 존 로크. 그는 근대적인 소유권 이론의 아버지로 불립니다.

존 로크는《통치론 Two Treatises of Government》에서 소유권의 탄생에 관해 설명했습니다.

그에 의하면 인간은 태어나면서 '자연권'이 있는데 바로, 생명, 자유 그리고 재산에 대한 권리입니다.

특히 재미있는 부분은 소유권 성립에 관한 생각입니다.

'사람은 자신의 노동이 들어간 것은 자신이 소유하게

된다'

예를 들어, 소유주가 없는 토지를 경작하고 씨를 뿌리면, 그 순간 수확물은 여러분의 것이 됩니다. 왜냐하면, 여러분의 노동력이 들어갔기 때문입니다.

공동 텃밭을 생각해 봅시다. 토지는 빌린 것이지만, 씨를 뿌리고 물을 주고 잡초를 뽑는 노동은 모두 여러분이 했습니다. 존 로크의 이론상, 적어도 이 수확물에 대해선 여러분이 소유권을 주장할 수 있습니다.

공유와 소유의 새로운 균형

존 로크는 소유권에 중요한 조건을 달았습니다. '타인의 몫만큼 남겨둘 것', '낭비하지 말것'입니다. 그는 **무한 축적은 자연법에 어긋난다**고 생각했습니다.

공동 텃밭은 한정된 도시 근방의 농지를 많은 사람에게 나눠주고 한 사람이 독점하지 않고 필요한 만큼 사용합니다. 수확물도 가족이 먹을 수 있는 양만 만듭니다. 이렇게 로크가 말하는 조건을 다 충족합니다.

재미있는 건 현대의 텃밭은 '커뮤니티'라는 요소가 추가 되었다는 사실입니다.

농장이라는 공유 공간의 정보를 이용자끼리 교환합니다. '이 비료가 잘 들어요', '이 시기에 물을 줄 때는 이렇게 하는 것이 좋아요'라거나, 때로는 수확물을 교환하기도 하고 남은 모종을 나눠 갖기도 합니다.

심지어 전용 어플을 사용해서 재배기록을 공유하는 농장도 늘었습니다. 언제 씨앗을 뿌렸는지 어떤 비료를 사용했는지. 이 내용을 기록하는 작업 역시 현대적인 의미에서 보면 '노동'으로 볼 수 있습니다. 단, 존 로크의 시대에서는 상상도 하지 못했던 형태입니다.

○ 현대의 '음식 자유권'

존 로크가 살았던 시대에 토지를 경작하는 일은 생존과 밀접하게 맞닿아 있었습니다. 반면, 현대의 우리는 공동 텃밭에서 취미로 채소를 기릅니다. 그러나 여기에도 나름의 깊은 의미가 있습니다.

음식의 안전에 대한 걱정, 환경문제 그리고 도시 생활로 인한 자연과의 단절 같은 현대적 문제에 대해 '내 손으로 만든다'는 원시적 방식으로 대응하는 사람들이 점점 많아졌습니다. 존 로크가 말하는 자연권 중 '생명'의 권리는 오늘날 '건강하고 안전한 음식을 얻을 권리'로 해석할 수 있습니다. '자유'의 권리는 '내 음식은 스스로 선택하고 만들 자유'로 '재산'의 권리는 '스스로의 노동성과를 향유 할 권리'에 대응합니다.

공동 텃밭은 이러한 권리를 현대적인 형태로 실현한 장소입니다.

존 로크의 자연권

생명	자유	재산
건강하고 안전한 음식을 얻을 권리	내 음식을 스스로 선택하고 만들 자유	스스로 노동의 성과를 향유 할 권리

존 로크의 자연권을 현대 사회의 음식 문제에 비추어 해석하기

◌ 빌려서 기르는, 새로운 소유의 형태

공동 텃밭에서의 경험은 소유에 대한 고정관념을 흔듭니다.

토지는 소유하고 있지 않습니다. 그러나 그 땅에서 흘린 땀은 확실히 내 것입니다. 기른 채소에 대한 애착은 산 채소와는 비교할 수 없습니다. '나의 토마토'라는 말에는 법적 소유권을 넘어선 훨씬 깊은 유대의 의미가 담겨 있습니다.

한편, 공유경제 특유의 리스크도 존재합니다. 농장을 운영하는 회사가 도산하면? 토지가 개발 용지로 매각된다면? 계약이 갑자기 바뀌어서 이용료가 몇 배가 된다면?

실제로 도시 근방의 농지는 항상 개발의 압력을 받습니다. 모처럼 토양을 개량하고 채소를 길러도 어느 날 갑자기 '다음 달에 폐원'이라는 통지가 도착할 수 있습니다.

현대적 소유의 과제는 바로, 이러한 플랫폼 의존에서 비롯되는 불안정함에 있습니다.

그래서 오히려 '현재'를 소중히 여기는 의식이 생겼습니다. 그리고 여러분의 노동은 확실히 무언가를 만들어냈습니다. 그것은 채소일 수도 있고 어쩌면, 건강이나 커뮤니티라는 유대관계일 수도 있습니다.

이처럼 공동 텃밭에서의 소박한 씨 뿌리기 경험은 '소유'와 '공유'를 다시 바라보게 하는 첫걸음이 될 수 있습니다. 300년 전 존 로크가 제시한 '노동에 의한 소유' 원리는 공유경제 시대인 지금도 여전히 새로운 의미를 지니고 있습니다.

The Keys to Thinking

**자연과 타인에 대한 배려가 소유권을
올바른 방향으로 이끈다.**

왜 이렇게 스마트폰에 휘둘릴까?

 고장 난 스마트폰을 보고
생각하는 '물상화物象化와 소외'

칼 마르크스 Karl Marx, 1818~1883

스마트폰이 갑자기 멈춘 순간, 캄캄해진 눈

아침에 눈을 뜨자마자, 평소처럼 스마트폰을 손에 들었는데 화면이 어둡습니다. 충전기를 연결하고 전원 버튼을 몇 번이나 눌러도, 꿈쩍도 하지 않습니다.

그러자 순간 패닉 상태에 빠집니다. 일정, 연락처, 사진, 모든 것이 이 손바닥만한 기계 속에 들어있기 때문입니다.

이제 스마트폰은 없으면 생활이 어려울 정도로 현대인

의 필수품이 되었습니다. 비슷한 대체 용품이 있어도 '이것은 내 스마트폰이 아니야'라며 어색함을 느끼는 사람들도 많습니다.

이처럼 요즘 세상에서만 경험할 수 있는 난처한 상황 속에 우리와 사물의 관계 양식을 되묻게 하는 중요한 힌트가 숨어있습니다.

○ 마르크스가 경고한 '물상화'라는 현상

19세기 독일의 사상가 칼 마르크스. 그는 자본주의 사회에서 인간과 사물의 관계를 날카롭게 분석했습니다.

마르크스가 지적한 중요한 개념은 '물상화'입니다. 이는 **사람이 만들어낸 사물이 반대로 사람을 지배하게 되는 현상**을 말합니다.

스마트폰의 이야기를 떠올려 봅시다. 스마트폰은 원래 사람이 편리하게 사용하려고 만든 도구입니다. 그런데 지금은 스마트폰 없이는 생활할 수 없습니다. 오히려 스마트폰에 맞춰 생활 리듬을 만들고, 알람 소리에 반응하며 고장이 나면 패닉 상태에 빠집니다.

주인과 노예가 역전된 형태입니다.

이때, 중요한 건 '소외'라는 개념입니다. 마르크스는 소외를 네 가지 측면으로 설명했습니다. 노동의 성과로부터의 소외, 노동 과정으로부터의 소외, 사람의 본질에서부터의 소외 그리고 타인으로부터의 소외입니다.

스마트폰의 경우 특히 '자기로부터의 소외'가 두드러집니다. SNS 업로드, 검색 이력 사진, 메시지. 이 정보들은 '나다움'을 구성하는 요소로 모든 기업의 서버에 보관되고 관리됩니다. **내 데이터이지만, 스스로 컨트롤할 수 없습니다.** 바로 이 부분이 현대적인 소외의 형태입니다.

물상화 (지배의 역전)

만든다 · 사용한다

사람의 행동이나 시간을 지배

내 데이터 대부분이 기업 서버 안에 있으며, 스스로 컨트롤할 수 없다.

◯ 왜 우리는 스마트폰의 지배를 받을까?

오늘날의 스마트폰은 마르크스는 상상하지도 못한 고도 기술의 산물입니다.

그러나 그의 이론은 놀라울 정도로 정확하게 현대의 상황을 설명합니다.

우리는 스마트폰의 내부를 잘 알지 못합니다. 어떻게 움직이며, 데이터는 어떻게 보관되고 있는지, 전혀 보이지 않는 숨겨진 블랙박스 같습니다. 스스로 수리할 수도 없습니다.

이는 마르크스가 말하는 '노동 과정으로부터의 소외'의 현대판입니다. 과거에 장인은 스스로 도구를 이해하고 수리도 할 수 있었습니다. 그러나 지금 우리는 제일 많이 쓰는 도구인 스마트폰으로부터 소외당합니다.

더욱 심각한 것은 스마트폰이 정체성의 형성 장치가 되었다는 점입니다.

SNS에서의 자기표현, 어플 사용 이력, 보존된 사진 등을 통해 스마트폰은 우리의 취향이나 기억, 인간관계를 반영하는 거울이 됩니다.

그런데 이 '디지털 자아'를 플랫폼 기업이 관리하고 알고리즘으로 조작합니다. 이렇게 **우리는 나 자신으로부터 소외당하고** 있습니다.

◌ 디지털 시대의 '소외'를 극복하기

그렇다면 이 마르크스의 관점을 토대로 스마트폰을 어떻게 사용하면 좋을까요?

먼저, 데이터의 주도권을 되찾는 것입니다. 정기적인 백업은 단순히 실용적인 대책이 아닙니다. 자기 데이터를 스스로 관리하는 일은 소외를 줄이고 주체성을 회복하는 첫걸음입니다.

다음은 기술 구조를 이해하려고 노력하는 것입니다. 그렇다고 프로그래밍까지 배울 필요는 없습니다. 하지만 기본적인 구조를 알아두면 '마법 상자'였던 것이 '이해 가능한 도구'로 바뀝니다. 이는 노동 과정으로부터의 소외를 극복하는 시도입니다.

또한, 아날로그적인 실천을 의식적으로 하는 것도 중요합니다. 손으로 쓰는 일기, 인쇄된 사진, 대면으로 나누는 대화. 이것들은 디지털 소외에 대한 일종의 저항인 셈입니다.

○ 사물과 새로운 관계를 만든다

마르크스는 자본주의 사회에서 피할 수 없는 현상으로 물상화를 꼽았습니다. 하지만 이는 자각하면 어느 정도 컨트롤할 수 있다고 생각했습니다.

현대를 사는 우리는 마르크스 시대에는 상상도 못 할 만큼 많은 '사물'과 함께 지냅니다. 스마트폰, 컴퓨터, 가전, 차… 모두 생활에 필요한 것이지만, 그만큼 전부 우리가 지배를 당할 가능성도 있습니다.

사물과 적절한 거리감을 유지하는 것이 중요합니다. **편리함을 즐기지만, 너무 의존하지 않는 것. 소유하면서도 소유되지 않아야 합니다.**

'이 물건은 내 도구일까? 아니면 내가 도구의 노예일

까?'

이 질문을 회피하지 않는 것이 디지털 시대를 인간답게 살기 위한 첫걸음입니다.

The Keys to Thinking

사물에 지배당하지 않으려면
그 사물에 대해 잘 알아야 한다.

현금이 없는데 어떻게 돈이 있다고 믿을 수 있을까?

현금 없는 결제를 하며 생각하는 '가치의 전환'

프리드리히 니체 Friedrich Nietzsche, 1844~1900

◎ 지갑을 열지 않고 계산했을 때, 느끼는 위화감

현금 없는 결제가 널리 퍼진 요즘, 편리함을 즐기면서도 어딘가 허전함을 느끼는 사람이 적지 않은 듯합니다. 돈을 냈다는 실감도 없이 쇼핑을 하고, 다음 달 카드 명세서를 확인하고 놀란 경험도 있을 겁니다.

때로는 시스템 장애로 결제가 되지 않기도 합니다. 통장에 돈은 있는데, 돈을 쓸 수 없는 묘한 상황도 겪습니다.

이 현대적인 현상 속에 '가치란 무엇인가?'라는 근본적인 질문이 숨어있습니다.

니체가 바라본 '가치의 창조'

19세기 독일의 철학자 프리드리히 니체는 기존 가치관에 근본적인 질문을 던진 사람으로 유명합니다.

그는 '신은 죽었다'라는 유명한 말을 남겼습니다. 이는 절대적인 가치 기준 종교나 전통을 상실한 상태를 표현한 말로 현대 사회에도 적용됩니다.

돈을 생각해 봅시다. 지폐나 통화에는 실제 내재적인 가치는 없습니다. 지폐 만 원짜리는 그저 종잇조각일 뿐입니다. 그러나 우리는 이것에 '만원의 가치가 있다'라고 믿습니다.

이 허구성은 현금 없는 결제에서 두드러집니다. 화면상의 숫자, 전자 신호. 물리적인 실체조차 없는 '돈'으로 실제 상품을 살 수 있는 것이 현대사회이며, 이것은 인간이 만들어낸 거대한 **'공동환상'**입니다.

만약 니체라면 현금 없는 결제 사회를 '가치 전환'의 무대라고 생각했을 것입니다. ==사람은 스스로 가치를 창조하고 믿는 존재==입니다.

◌ 왜 우리는 '실체가 없는 가치'를 믿을까?

니체는 사람을 '가치를 창조하는 동물'이라고 보았습니다. 자연계에 '가치'는 존재하지 않습니다. 사람이 의미를 부여하고 가치를 만듭니다.

현금 없는 결제 사회는 이러한 인간 능력의 극치를 보여주는 셈입니다.

현금이라는 물리적인 매체조차 불필요하고, 순수하게 '신용'만으로 경제가 돌아갑니다. 이것은 인류가 오랜 역사를 거쳐 만들어낸 신뢰의 시스템입니다.

그러나 동시에 위험도 있습니다. 시스템 에러 하나로 이 환상은 무너지고, 사이버 공격으로 재산이 한순간에 사라질 수도 있습니다. 그 순간, 가치의 '공동환상'은 흔들리고 니체가 말하는 ==**'허무주의니힐리즘, Nihilism'**==의 그림자가 드리워집니다.

한편, 니체의 '힘에 대한 의지'생명보다 강력하고, 자유롭게 살려는 에너지도 등장합니다. 현금 없는 결제를 하고 생긴 포인트를 전략적으로 활용하고, 생활을 효율화합니다. 이는 기술을 주체적으로 조종하는 인간 의지의 표현이라 해도 과언이 아닙니다.

새로운 가치관으로 살기

그렇다면 니체의 관점에서 본다면 우리는 현금 없는 결제 시대를 어떻게 살아야 할까요?

우선 가치의 상대성을 자각하는 것입니다. 돈도, 포인트도, 모두 사람이 만들어낸 약속의 산물에 불과합니다. 절대적인 것은 없습니다. 이 점을 자각하면 돈에 휘둘리지 않는 삶을 살 수 있습니다.

이어서 자기 나름의 가치 기준을 지니는 것입니다. 니체는 '너 자신이 되어라'라고 말했습니다. 이 말은 **사회의 가치관에 휩쓸리지 말고 정말 중요한 것은 무엇인지, 스스로 결정하는 용기를 지니는 것**을 말합니다.

그리고 새로운 가능성을 두려워하지 말아야 합니다. 현금 없는 결제는 확실히 위험도 동반합니다. 그러나 이는 인류의 새로운 실험이기도 합니다. 비판적으로 그러나 긍정적으로 관계를 맺는 자세가 중요합니다.

○ '나를 초월한' 디지털 시대를 살기

니체의 이상은 '<u>초인</u>'입니다. 초인은 기존의 가치관을 뛰어넘고 스스로 가치를 창조하는 존재입니다. 현금 없는 결제 시대의 우리들도 어떤 의미에서는 '초인'이 되어야 합니다.

현금이라는 물리적인 안정을 버리고 디지털적인 가치를 신뢰합니다. 그러나 동시에 그 한계도 이해하며 너무 의존하지 않아야 합니다. 테크놀로지를 사용하면서 사람다운 주체성을 유지하도록 합시다.

말처럼 쉽지 않을 것입니다. 그러나 니체라면, 바로 이 도전이 사람을 성장하게 한다고 말했을 것입니다. 이 난관을 무비판적으로 받아들이지도, 무조건 거부하지도 않고, 주체적으로 잘 활용합시다. 이것이 21세기 '초인'의 길입니다.

돈의 형태는 변하지만, 변하지 않는 것이 있습니다. 바로, **가치를 창조하고 믿으며 교환하는 인간의 행위**입니다. 이 행위의 본질을 지킨다면 돈의 형태가 무엇이든 상관없이 잘 사용할 수 있습니다.

The Keys to Thinking

**허무주의를 극복하고
그 너머의 가치를 상상하자**

불필요한 물건과 작별하는 비결은?

정리 정돈을 하며 생각하는 '쾌락주의적인 행복관'

에피쿠로스 Epicurus, 기원전 341년~기원전 270년경

◌ 물건을 버리고 마음이 가벼워지는 순간

갑작스러운 질문이지만, 여러분의 옷장 속은 깨끗한 상태인가요? 더 이상 입지 않는 옷, 산처럼 쌓인 책, 당근에 올릴 생각으로 그대로 둔 가방…. 이러한 '언젠가 쓸지도 몰라'라는 물건에 둘러싸여 답답함을 호소하는 사람도 많습니다.

말만 하고 미뤄왔다가 '버리자!'라며 큰 결심을 하고 쓰레기통에 물건을 넣기 시작하면, 신기한 일이 생깁니다. 물건이 점점 사라질 때마다 마음이 가벼워집니다. 방에 공간이 생기고 심호흡을 할 수 있습니다. 마지막으로 깨끗해진 방을 둘러봤을 때의 쾌적함은 중독성이 있습니다.

그런데 잠깐 생각해 보면 의문이 생깁니다. 왜 우리는 사물을 비워내면서 행복을 느낄까요? 애초에 '덜어낸 삶'은 정말로 풍요로운 인생으로 이어질까요?

사실 오늘날의 '정리 정돈'이나 '미니멀리즘'의 원조는 2300년 전 고대 그리스에서 태어난 어떤 혁신적인 행복론입니다.

◌ 에피쿠로스가 설명한 '진정한 쾌락'이란?

고대 그리스의 철학자인 에피쿠로스의 이름은 '에피쿠리안Epicurean, 쾌락주의자'의 어원이 되었습니다. 그래서 종종 사치나 향락과도 연관해 생각하지만, 이는 큰 오해입니다.

에피쿠로스의 주장은 오히려 반대였습니다. 그는 **'필요한 최소한의 것으로 만족'하는 것이 바로, 진정한 쾌락의 길**이라 했습니다.

그는 쾌락을 세 가지로 분류했습니다.

첫 번째, '자연에서 필요한 욕구'
 음식, 물, 주거, 우정 등 인생에 꼭 필요한 것.
두 번째, '자연스럽지만 불필요한 욕구'
 호화스러운 식사, 고급 의복 등 있든 없든 살아갈 수 있는 것.
세 번째, '공허하고 부자연스러운 욕구'
 명성, 권력, 끝없는 부 등 만족할 수 없는 감정입니다.

에피쿠로스는 첫 번째 욕구만 충족되면 충분하다고 이야기했습니다. 그 이상을 바라면 오히려 불안과 고통을 낳는다고 했습니다.

◌ 왜 물건을 줄이면 마음이 가벼워질까?

짐을 비워내고 느끼는 상쾌한 기분은 에피쿠로스의 철학으로 설명할 수 있습니다.

우리는 물건을 소유함으로써 안도감을 얻습니다. 그러나 실제로는 사물이 늘어날수록 불안함도 늘어납니다. 잃어버릴 수도 있다는 공포, 관리의 번거로움, 훨씬 좋은 것을 가지고 싶다는 욕구. 물건에 둘러싸여 있는데도 마음이 채워지지 않습니다.

한편, 에피쿠로스는 '아타락시아^{Ataraxia, 마음의 평온}'를 최고의 상태라고 했습니다. 이는 욕망에서 해방된 평온한 상태입니다.

정리 정돈은 바로 이 아타락시아를 실천하는 행위입니다. **불필요한 물건을 버림으로써 여기에 동반되던 불안과 집착도 함께 버립니다. 남는 건 진정으로 필요한 것, 그것으로 충분하다는 만족감입니다.**

또한 에피쿠로스는 '현재의 쾌락'을 중요하게 생각했습니다. 과거의 후회나 미래의 불안에 사로잡히지 말고, 지금 이 순간을 즐기는 것. 정리 정돈을 한 후 깨끗해진 방에서 느끼는 '지금, 여기'라는 기분 좋은 느낌이 바로, 에피쿠로스적인 쾌락입니다.

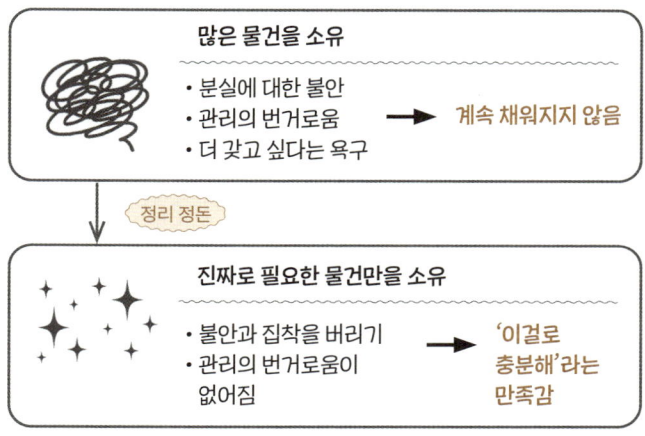

◯ 현대의 소비 사회와 에피쿠로스의 경고

에피쿠로스가 살았던 시대는 헬레니즘기라는 격동의 시대였습니다. 알렉산드로스 대왕의 사후, 가치관이 흔들리고 사람들은 불안 속에 살았습니다.

오늘날의 우리도 비슷합니다. 광고는 항상 '좀 더'를 찾게 하고 SNS는 타인과 비교를 부추기며, 경제는 무한 성장을 전제로 합니다.

에피쿠로스라면 이를 '**허무한 욕망의 덫**'이라고 부를 것입니다. 최신 디지털 기기, 유행하는 옷, 호화스러운 여행… 이 모든 것은 일시적인 쾌락을 주지만 곧바로 퇴색되고 다음 욕망을 불러옵니다.

정리 정돈이 유행한 이유는 이 덫을 발견한 사람들이 늘어났기 때문입니다.

또한, 물리적 풍요가 반드시 마음의 풍요로 이어지지 않는다는 사실을 깨달은 사람들도 늘어났습니다.

○ '부족함을 아는' 생활의 실천

부족함을 알려면 우선, 나에게 정말 필요한 것이 무엇인지를 검토해야 합니다. 정리 정돈을 할 때 '꼭 필요한 것'과 '있으면 편리한 것'을 구별합니다. 꼭 필요한 것은 생각만큼 많지 않습니다.

이어서 물건을 사기 전에 '왜 갖고 싶지?'라고 물어보는 것입니다. 진짜로 필요해서? 아니면 불안을 채우기 위해? 또는 과시용? 그리고 에피쿠로스의 세 가지 분류법을 대입해 공허한 욕망의 실체를 발견합시다.

또한, 지금 가지고 있는 것에 감사하는 습관을 들입시다. 에피쿠로스는 우정을 최고의 보물이라고 했습니다. 사

==물이 아닌, 사람과의 관계나 경험에서 가치를 찾는 것. 그것이 진정한 풍요로움으로 가는 길입니다.==

정리 정돈은 끝이 아니라 시작입니다. 물건을 비워낸 그 공간에서 무엇을 할까? 누구와 지낼까? 어떤 경험을 할까? 이 질문들에 에피쿠로스적인 행복이 있습니다.

> The Keys to Thinking
>
> **진정한 쾌락은 절제하는 것이다.**

그렇다면 '올바른 말'이란 뭘까?

스탬프와 유행어로 생각하는 '언어 게임'

루트비히 비트겐슈타인 Ludwig Wittgenstein, 1889~1951

◌ 같은 말인데 왜 의미가 바뀔까?

'조금'이라는 단어를 여러분은 오늘 몇 번 사용했나요?

'조금 기다려'라고 말할 때의 '조금'은 아주 찰나에 불과합니다. '조금 비싸네'라는 의미에서의 '조금'은 구매를 망설일 때의 찰나. 그러나 '좀 천재인 거 같아' 할 때의 '좀'은 오히려 강조의 의미를 담고 있습니다.

같은 단어인데, 왜 이렇게 의미가 다를까요? 사전을 찾아봐도 그 구분법에 대한 설명은 없습니다. 그런데 우리는 망설임 없이 잘 구분해서 사용하고 이해합니다.

이처럼 '같은 말이라도 의미가 달라질 수 있다'라는 일상 속 신기한 현상에 대해 20세기 철학자 비트겐슈타인은 획기적인 해답을 제시했습니다.

○ 말은 '쓰임새'에 따라 의미가 결정된다

우리는 흔히 말에는 정해진 의미가 있다고 생각합니다. 그러나 비트겐슈타인은 이 상식을 뒤집었습니다. 그는 '말의 의미는 그 사용에 있다'라고 했습니다. 즉, **말의 의미는 '쓰임새'로 결정된다**는 뜻입니다.

예를 들어 '죄송합니다'라는 말을 생각해 봅시다. 전철에서 발을 밟았을 때는 사죄의 말이지만 길을 물을 때는 말을 거는 용도이며, 점원을 부를 때도 '죄송한데요'라고 말합니다. 예의를 차릴 때조차 사용하기도 합니다.

우리가 매일 참여하는 '언어 게임'

비트겐슈타인은 이러한 언어의 사용을 '게임'에 비유했습니다. 야구에는 야구의 규칙이 있는 것처럼 상황별로 언어를 나눠 쓰는 규칙이 있다고 합니다.

가족과의 대화, 직장의 회의 시간, 친구와의 잡담 등 우리는 하루에도 몇 번씩 '언어 게임'을 합니다.

집에서는 '밥'이라고 하는 것을 레스토랑에서 '라이스로 부탁합니다'라고 바꿔 말합니다. 친구에게는 '큰일 났다'라고 할 말을 상사에게는 '문제가 생겼습니다'라고 바꿔 표현합니다.

각각의 **장소, 상대, 상황에 따라 '게임 규칙'이 있고 우리는 무의식적으로 이를 따릅니다.**

흥미로운 점은 '말하지 않기'도 언어 게임의 중요한 요소입니다. 회의에서 자주 있는 침묵의 시간에 참가자는 서로 표정을 읽고, 장소의 분위기를 파악합니다. '침묵은 금'이라는 말이 있는 것처럼 **침묵도 훌륭한 커뮤니케이션 수단**입니다.

◯ 새로운 도구가 탄생하는 새로운 '언어 게임'

시대와 함께 새로운 언어 게임도 탄생했습니다. 전화가 보급되었을 때 '여보세요'라는 인사가 탄생했고 그리고 현대사회에서는 문자 메시지의 스탬프나 이모티콘이 새로운 표현 수단으로 정착했습니다.

나이가 지긋한 분들이 '요즘 젊은이들 말본새가 없어…'라며 탄식하는 이유는 사실 새로운 언어게임을 따라가지 못한 탓일지 모릅니다. 그러나 **시대와 상관없이 새로운 언어 게임은 탄생하고 오래된 것은 변화**합니다.

◯ 상대방의 '언어 게임'을 이해하는 일의 중요성

대화가 어긋나는 가장 큰 이유는 서로 다른 '언어 게임'을 하고 있기 때문입니다. 젊은 부하 직원의 '괜찮습니다'라는 말은 상사에게는 성의 없게 들릴 수도 있습니다.

하지만 부하에게는 그것이 오히려 최선을 다한 의욕의 표현일 수도 있습니다.

중요한 것은 **상대방이 어떠한 '언어 게임'에 참여하고 있는지 이해하는 것**입니다. 세대, 입장, 문화 배경에 따라 같은 말이라도 다른 의미가 있다는 사실을 아는 것입니다.

또한, '올바른 말'에 너무 집착할 필요도 없습니다. 언어는 살아있습니다.

'되게 좋아요'라는 문장이 문법적으로 오류가 없는지 따지기보다는 그 자리에서 의미가 통하는 것이 중요합니다.

한편, 비트겐슈타인은 언어의 한계도 지적했습니다. 어떤 언어로도 통증의 감각을 타인에게 온전히 전달할 수는 없습니다. 그런 의미에서 스탬프나 이모티콘은 말의 한계를 채워주는 새로운 시도인 셈입니다. 긴 설명보다도 이모티콘 하나로 감정을 정확히 전달할 수 있기 때문입니다.

비트겐슈타인의 '언어 게임'은 우리의 커뮤니케이션을 훨씬 자유롭고 풍요롭게 합니다. **언어는 고정된 의미를 담는 틀이 아니라, 사람과 사람이 함께 만들어내는 행위**입니다.

The Keys to Thinking

언어는 게임이며 규칙에 따라 의미가 바뀐다

광고 글이나 목소리가 큰 사람의 말에 속지 않는 비결은?

AI의 진화로 생각하는 '지식의 진보와 우상'

프랜시스 베이컨 Francis Bacon, 1561~1626

◯ AI의 '혁신'을 따라가지 못하는 하루하루

요즘은 '새로운 AI 발표!', '버전 업데이트!'라는 뉴스를 자주 봅니다.

연이어 등장하는 새로운 AI와 그 눈부신 진화 속도에 우리는 기대와 불안을 느낍니다.

'AI에게 일을 빼앗길 것이다'라는 두려움을 느끼는 사람도 있고 'AI로 무엇이든 할 수 있게 된다'라며 기대하는 사람도 있습니다. 그런데 둘 중, 누구 말이 맞을까요? 우리는 정말로 AI를 이해하고 있는 것일까요?

400년 전, 영국 경험론의 선구자 프랜시스 베이컨은 새로운 지식을 마주할 때 인간이 저지르는 오류에 대해 놀라울 만큼 현대적인 통찰을 남겼습니다.

○ 우리의 판단을 왜곡하는 '네 가지 우상'

베이컨은 인간의 옳은 인식을 막는 요인을 '우상Idola, 이돌라'이라고 부르고 네 가지로 분류했습니다. AI에 대한 반응을 예로 들어봅시다.

종족의 우상 일반적인 인간의 편견 : 'AI는 인간을 뛰어넘는다', 'AI는 인간의 적이다'라는 극단적인 견해. 인간은 복잡한 것을 단순화하여 이해하려는 경향이 있습니다. AI를 '전능의 신'이나 '두려운 괴물' 둘 중, 하나라고 생각합니다.

동굴의 우상 개인적 견해 : IT 엔지니어는 'AI는 단순한 도구'

라고 하고, 예술가는 'AI는 창조성이 없다'라고 주장합니다. 본인의 입장이나 경험에 따라 AI를 바라보는 방식이 편향됩니다.

시장의 우상 말에 의한 편견 : ' 인공지능', '딥러닝', '싱귤래리티 singularity, 특이점'같은 전문 용어나 유행어에 휘둘려 실태를 놓칩니다. 어디선가 들어본 'AI 탑재'라는 말이 쓰여 있으면 제품의 성능이 좋을 것이라 믿는 것도 이 우상의 영향입니다.

극장의 우상 권위에 의한 편견 : 유명기업의 CEO가 'AI가 세상을 바꾼다'라고 말하면 맹신하고 또한 유명한 학자가 'AI는 위험하다'라고 경고하면 공포를 느낍니다. 스스로 생각하는 것을 포기하고 권위 있는 사람의 의견 그대로를 받아들입니다.

올바른 인식을 막는 네 가지 우상

종족의 우상
- 일반적인 인간의 편견
- 복잡한 것을 단순화하여 이해하도록 하는 경향

동굴의 우상
- 개인적인 편견
- 자기의 입장이나 경험에서 판단하는 경향

스스로 시험하고, 관찰하고, 생각하자!

시장의 우상
- 말에 의한 편견
- 전문 용어나 유행어에 휘둘리고 실태를 올바로 판단하지 못하는 경향

극장의 우상
- 권위에 의한 편견
- 저명인사, 유명기업의 말과 행동에 영향을 받는 경향

○ AI 붐으로 보는 현대의 '우상'

최근의 AI 붐은 베이컨의 경고를 그대로 보여줍니다.

생성 AI가 등장했을 때, 대부분의 사람은 '이걸로 논문도 소설도 전부 AI가 써 줄 것이다'라며 감탄했습니다. 그러나 실제로 사용해 보면 잘못된 부분이 많고, 깊이 있는 사고를 하지 못한다는 것을 알 수 있습니다.

반대로 'AI는 별거 아니다'라고 단언하는 사람도 있습니다. 그러나 번역이나 요약, 프로그래밍 지원 등 특정 분야에서는 확실히 유용합니다.

앞서 언급한 이 모든 예시는 베이컨이 말하는 '우상'에 사로잡힌 태도입니다. 과도한 기대도, 무턱대고 부정하는 것도 올바른 인식을 막는 원인입니다.

◯ 올바른 이해로 가는 길

그렇다면 AI를 올바로 이해하려면 어떻게 해야 할까요? 이때, 베이컨이 제안한 '귀납법'이 큰 도움이 됩니다.

우선, 실제로 AI를 사용해 보는 것입니다. 무슨 질문에 정확하게 대답하고, 틀리는지 그리고 무엇을 잘하고 어느 부분에서 약한지를 파악합니다. 평판이나 광고가 아닌 나의 경험으로 판단하는 것이 중요합니다.

이어서 다양한 사례를 모아봅시다. AI를 하나만 쓰지 말고, 여러 개를 사용해 봅시다. 성공적인 예시만이 아니라 실패도 모읍시다. 그러면 AI의 진짜 능력과 한계를 알 수 있습니다.

베이컨은 "자연은 고문을 하지 않으면 비밀을 누설하지 않는다"라고 말했습니다. AI도 마찬가지입니다. 다양한 사용 방법을 시도해 보고, 한계까지 사용해 보아야 비로소 그 본질을 이해할 수 있습니다.

◌ 지식의 진보와 인간의 행복

베이컨의 최종 목표는 '인류의 행복'이었습니다. 그였다면 현대의 AI 붐을 어떻게 보았을까요?

아마도 그는 기술의 진보 자체는 반겨도, 인간이 여기에 휘들리지 않아야 한다고 했을 것입니다. AI는 확실히 '도움'이 됩니다. 그러나 이것을 올바로 이해하고 적절히 사용하는 지혜가 없으면 오히려 불행해질 수 있습니다.

'AI에게 일을 빼앗긴다'라고 두려워하기 전에 **AI로 무엇을 할 수 있고, 무엇을 하지 못하는지를 냉정하게 관찰합시다. 'AI로 모든 것을 해결'할 수 있다고 기대하기 전에 인간만이 가능한 것은 무엇인지 생각합시다.**

다음번에 AI가 발표된다면 베이컨의 가르침을 떠올려 봅시다. 광고 문구나 권위적인 의견에 휘둘리지 말고 스스로 시험하고 관찰하고 생각합시다. 그것이 쌓이다 보면 반드시 진정한 '지식'이 쌓이고 우리의 생활을 풍요롭게 만드는 '힘'이 될 것입니다.

The Keys to Thinking

**무상에서 벗어나 올바른 지식을
얻어야 한다**

디지털 디톡스를 하면 보이는 것은?

깊은 산 속 온천에서 생각하는 '무위자연 無爲自然'

노자 老子, 기원전 6세기 무렵

◌ 스마트폰의 전파가 닿지 않는 고요함 속에서

금요일 밤, 긴 일주일이 끝나고 여러분은 깊은 산 속 온천에 도착했습니다.

'디지털 디톡스'라는 말에 끌려 예약한 옛 분위기가 물씬 나는 아늑한 숙소입니다.

"방에는 텔레비전이 없습니다. 여기는 핸드폰 전파도 닿지 않는 곳이어서요"

숙소 주인의 설명을 듣고 어떤 기분이 들었나요? 해방감인가요? 아니면 말로 할 수 없는 불안감인가요?

방에 들어온 지 30분, 여러분은 분명히 불안할 것입니다. 무의식적으로 주머니에서 핸드폰을 꺼내서 보지만 아무 것도 할 수가 없습니다. 무료함 속에서 뭘 해야 할지 몰라 놀랄 수도 있습니다.

그래서 어쩔 수 없이 밖으로 나가서 산을 바라보고 있는 사이, 신기한 일이 일어납니다.

새소리가 들립니다. 바람이 나무를 흔드는 소리도 들리고, 멀리서 계곡물이 흐르는 소리까지 들릴 정도입니다. 그리고 한 시간이 지나자, 어쩐지 마음이 조용해지기 시작합니다.

이 순간, '아무것도 하지 않는다'라는 것이 실은 얼마나 다양한 체험을 의미하는지 깨닫습니다.

◯ 노자가 말한 '무위자연'의 경지

고대 중국의 사상가인 노자 사상의 핵심은 '무위자연'입니다.

'무위'는 태만이 아닙니다. **쓸데없는 행동을 더 하지 않고, 자연의 흐름에 따라 사는 것**을 말합니다.

온천 숙소에서의 체험은 그야말로 '무위'의 실천입니다. 텔레비전도 전파도 없습니다. 할 일은 없습니다. 그러나 그때 비로소 보이는 것이 있습니다.

노자의 말 중에는 '치허극, 수정독致虛極, 守靜篤'이라는 말이 있습니다. **마음을 완전히 비우고 고요함을 유지하면, 만물의 본래 모습을 깨닫게 된다**는 말입니다.

스마트폰에 사로잡힌 일상에서 우리는 항상 '무언가'를 하고 있습니다. 정보를 집어넣고 발신하며 반응합니다.

그러나 온천 숙소에서는 그 '무언가'에서 벗어날 수 있습니다. 그러면 지금까지 보이지 않던 풍요로움이 드러날 것입니다.

○ 왜 '편리함'에서 벗어나면 삶이 깊어질까?

현대사회는 편리함을 추구합니다. 항상 연결되어 있고 정보도 바로바로 얻을 수 있습니다. 그러나 노자는 과도한 문명화는 인간 본래의 모습을 해친다고 경고했습니다.

노자는 '오색은 사람의 눈을 멀게 한다'라는 뜻으로 오색영인목맹五色令人目盲이라 했습니다. **자극이 너무 강하면 오히려 본질이 잘 보이지 않는다**는 의미입니다.

스마트폰 화면은 그야말로 '오색'의 향연입니다. 끝도 없는 알람, 화려한 동영상, 계속 흘러나오는 정보. 우리 눈이 여기에 익숙해지면 푸르른 산의 녹음도 온천의 따뜻함도, 처음에는 부족한 듯 보입니다.

그러나 시간이 지나면 감각이 예민해지기 시작합니다. 요리의 다채로운 맛, 자연의 향기, 풀벌레 소리의 차이. 이렇듯 **정보의 홍수에서 멀어지면 본래의 감수성이 되돌아옵니다.**

◌ '아무것도 하지 않는다'는 적극적인 선택

전파가 닿지 않는 깊은 산 속의 온천은 쉽게 갈 수 있는 곳은 아닙니다. 그래도 일상에서 이러한 환경을 만들어 볼 수는 있습니다.

우선, 정기적으로 '전파가 닿지 않는 시간'을 만드는 것입니다. 매일은 어려워도 한 달에 한 번, 스마트폰을 놓고 산책합니다. <mark>그 시간은 '잃어버린 시간'이 아니라 '되돌린 시간'</mark>입니다.

이어서 따분한 상황을 두려워하지 않는 것입니다. 노자는 '도道는 담담하여 맛이 없다'는 의미로 '도지출구, 담호기무미道之出口、淡乎其無味'라고 말했습니다.

<mark>정말로 소중한 것은도=우주의 근원, 만물의 생성변화를 관장하는 원리 꾸밈이 없다</mark>는 뜻입니다.

따분하고 지루한 시간에도 사실, 깊은 깨달음의 순간이 숨어있습니다.

마지막으로 자연의 리듬을 소중히 여깁시다.

아침에는 새소리로 눈을 뜨고, 밤에는 별을 보고 잠이 듭니다.

인공적인 시간에서 벗어나 원래의 리듬을 되찾습니다. 그것이 '무위자연'으로 가는 길입니다.

디지털 시대에 살아 숨 쉬는 고대의 지혜

온천에서 돌아온 뒤 조금은 변화가 있었을 것입니다. 스마트폰 알람 소리에 이전만큼 반응하지 않게 되었고 정보를 쫓느라 초조했던 마음도 줄었을 것입니다.

노자는 '도道는 항상 무위하나, 이루지 못하는 것이 없다'라는 뜻의 '도상무위이무불위道常無爲而無不爲'라고 했습니다. 아무것도 하지 않아도 모든 것을 이루었다는 뜻입니다.

깊은 산속 온천에서 지낸 시간은 언뜻 보기에는 '아무 것도 하지 않은' 시간입니다. 하지만 그 시간에 고요함, 여유, 자연과의 조화 같은 소중한 것을 되찾았습니다.

현대사회를 사는 우리는 디지털을 완전히 버릴 수 없습니다. 그러나 때때로 무의식적으로 '무위'를 선택할 수 있습니다. 편리함을 버릴 용기. 그것은 후퇴가 아닌, 훨씬 풍요로운 삶의 방식으로 전진하는 것과 같습니다.

The Keys to Thinking

아무것도 하지 않는 것의 잠재력을 느껴보자

COLUMN 3

단순한 정리에서 출발한 '비워냄'의 길

　방을 둘러 보십시오. 방 안에 있는 물건은 정말로 여러분의 인생을 풍요롭게 해주었나요? 저는 무역 회사에 다닐 때 명품을 열심히 모았습니다. '소유'가 성공의 증거라고 믿었습니다. 그러나 직장을 관공서로 옮기고 철학을 공부하기 시작하고부터는 사물과의 관계가 180도 달라졌습니다.

　지금은 최소한의 필요한 것만을 소유하는 삶을 살고 있습니다. 그저 그런 '정리'가 아닌, 철학적인 '비워냄'의 길을 제안합니다. 바로 이것이 물건을 잘 활용하고 집착에서 벗어나는 방법입니다.

【물건 · 철학적 분류법】
방에 있는 대표적인 물건을 다섯 가지 고르고 다음의 관점을 체크합시다.

―――――――――――――――――

1: 노동의 결정도 체크(로크)
☐ 스스로 만들었다 / 손을 댔다
☐ 고생해서 얻었다
☐ 받은 것 / 충동구매
→여러분의 '노동'이 들어간 물건은 소중한 가치가 있습니다.

2: 주종관계 체크(마르크스)
☐ 내가 물건을 사용하고 있다
☐ 어느 쪽도 아니다
☐ 물건이 나를 사용하고 있다
→스마트폰 의존 등 물건에 지배당하고 있는지 확인

3: 존재 가치 체크(니체)
☐ 없어도 곤란하지 않지만, 있으면 좋다
☐ 있어도 없어도 상관없다
☐ 없으면 불안하다
→'불안'을 동기로 소유하게 된 물건은 진정한 가치가 없습니다.

4: 쾌락의 질 체크(에피쿠로스)
☐ 사용할 때마다 만족한다
☐ 가지고 있는 것만으로 안심

☐ 훨씬 좋은 것이 갖고 싶다
→영속적인 만족을 주는 물건이야말로 진정한 보물

5: 언어화 체크(비트겐슈타인)
☐ 왜 소중한지 설명할 수 있다
☐ 이유 없이 좋다
☐ 설명할 수 없지만, 놓을 수 없다
→말로 할 수 있는 가치는 진정한 가치입니다.

이 체크 리스트는 물건을 버리기 위한 진단이 아닙니다. 오히려 물건과의 관계를 '통찰'하기 위해서입니다.

예를 들어 내가 너무나 좋아하는 펜이 있다고 합시다. 존 로크의 관점으로 보면 '일해서 산' 노동의 결정체입니다. 마르크스의 관점으로 보면 '내가 사용하고 있다'라는 양호한 관계입니다. 그리고 니체의 관점으로 보면 '이게 아니어도 글은 쓸 수 있지만, 있으면 생각이 깊어진다'라는 창조적인 도구입니다.

이렇게 분석하면 단순한 필기구를 초월한 존재 의식을 발견할 수 있습니다.

반대로, 충동 구매한 물건의 대부분은 '조금 더 좋은 것을 갖고 싶다'라는 끝없는 욕망의 입구입니다. 이 사실을 깨닫는 순간, 장기 사용 여부를 기준으로 선택하게 됩니다.

자, 여기까지! 나 자신(제1장), 타인과의 관계(제2장), 물건과의 관계(제3장)를 '통찰'해 보았습니다. 관계성을 철학적으로 재검토해 보니, 몰랐던 새로운 사실이 보이지 않나요?

그러나 이 통찰만으로는 상황이 쉽게 달라지지 않습니다. 중요한 것은 '어떻게 행동할까?'입니다. 그래서 제4장에서는 일상 속 평범한 행위(아침에 일어나는 것부터 좌선까지)에 주목하여 사고와 행동의 연결 관계를 탐구하고자 합니다. 철학을 '아는' 단계에서 '실천하는' 단계로 함께 가봅시다.

4장

나의 버릇을 객관적으로 보기

―의지와 습관에 가득한 철학

아침에 알림이 울린 순간, 여러분의 손은
생각할 시간도 없이 움직이고 있을 것입니다.
그 선택을 한 사람은 누구인가요? 이성적인 '나'일까요?
아니면, 훨씬 깊은 곳에 있는 또 다른 '나'일까요?
다이어트 중인데 달콤한 것에 손이 갑니다. 자기 전에 스마트폰을
그만둘 수 없습니다.
때로는 모르는 것을 '알고 있다'라고 말하기도 하고,
불합리한 요구도 반사적으로 따라가기도 합니다....
가장 가까우면서 먼 존재 ― 그것이 '나'입니다.
그 정체를 관찰하면 비로소 주체적인 인생을 살 수 있습니다.

다시 잠에 드는 유혹에 빠지지 않는 비결은?

아침에 시계 알람 소리를 멈추는 순간부터 생각하는 '의지와 표상'

아르투어 쇼펜하우어 Arthur Schopenhauer, 1788~1860

○ 알람을 끄기 위해 손이 저절로 움직이는 건 왜일까?

아침 6시. 알람 소리가 울리면 자연스럽게 스마트폰으로 손이 갈 것입니다.

잘 생각해 보면 이때 신기한 일이 생깁니다. '알람을 멈춰야지'라고 명확하게 생각하기 전에 이미 손이 움직이고 있습니다. 의식적인 결단보다 몸이 빨리 반응합니다.

그리고 그 순간, 갈등이 시작됩니다. '일어나야지'라는 이성과 '조금 더 자고 싶어'라는 욕구 이 둘 사이에서 흔들립니다.

이 일상의 장면에 19세기 철학자 쇼펜하우어가 발견한 인간 존재의 근본적인 진리가 숨어있습니다.

세상은 나의 표상이다

쇼펜하우어의 저서 《의지와 표상으로서의 세계Die Welt als Wille und Vorstellung》는 충격적인 한 문장으로 시작합니다. 바로, '세상은 나의 표상이다'라는 말입니다.

아침 시간의 침실을 예로 들어 생각해 봅시다. 눈을 뜨면, 천장이 보입니다. 커튼 사이로 들어오는 빛, 시계 문자판, 머리맡의 스마트폰. 이 모든 것은 여러분의 의식에 나타나는 '표상'입니다.

그러나 눈을 감으면 어떻게 될까요? 천장도 빛도 사라져 버립니다. 즉, **여러분이 인식하는 세상은 여러분의 의식을 통해서만 존재**합니다.

이는 '세상이 존재하지 않는다'라는 의미는 아닙니다. 우리가 알 수 있는 세상은 언제나 우리의 인식을 통한 세상이라는 의미입니다.

몸이 가르쳐주는 '의지'의 존재

그렇다면 표상의 배경에는 무엇이 있을까요? 쇼펜하우어는 그것을 '의지'라고 불렀습니다. 아침에 이불에서 나오고 싶지 않을 때, 그때의 강력한 감각을 떠올려봅시다. 따뜻한 이불속에 파묻혀 있고 싶은 욕구 이것은 이론이 아닙니다. 설명이나 정당화하는 것이 아닌, 그저 '있고 싶다'라는 삶의 욕구가 있습니다.

쇼펜하우어는 이러한 종류의 적극적인 욕구나 충돌이야말로 '의지'의 표현이라고 생각했습니다. 그리고 **그 의지는 우리의 몸을 통해 가장 직접적으로 드러난다고 했습니다.**

알람을 멈추는 손의 움직임, 하품하는 입, 뻗은 손… 이 모든 행동이 의지의 표현입니다. **우리는 내 몸을 외부에서 관찰하는 대상표상으로 그리고 내부에서 느끼는 의지로, 이렇게 이중으로 경험**하고 있습니다.

◌ 산다는 건 괴로움이다

사실 쇼펜하우어는 불교의 영향을 강하게 받았습니다. 그는 '산다는 건 괴로움이다'라는 불교의 첫 번째 진리에 깊이 공감했습니다.

아침에 일어날 때 느끼는 괴로움이 바로 그 예입니다. 왜 괴로울까요? 그것은 의지_{자고 싶다}와 현실_{일어나야만 한다}이 대립하기 때문입니다.

그리고 만약 '조금 더 잔다'를 선택하면 이번에는 '지각할 수도…'라는 불안이 생깁니다. 욕구를 채워도 바로 새로운 욕구가 불안을 만듭니다. 그는 이것이 인생의 구조라는 사실을 꿰뚫어봤습니다.

'인생은 채워지지 않는 욕망의 고통과 채워진 뒤 찾아오는 따분함 사이를 오가는 진자처럼 흔들린다'라는 표현을 했습니다.

그러나 쇼펜하우어는 이를 해결할 방법도 제시했습니다. 예를 들어 '미적 관조'라는 방법입니다. 평소에는 불쾌하게 느낀 알람 소리가 어느 날 아침, 순수한 소리의 연속으로 들릴 때가 있습니다. '일어나야지'라는 목적을 잊고 그저 소리 그 자체에만 귀를 기울인 순간 그때, 우리는 의지로부터 해방되고 괴로움을 잊습니다.

이는 '의지의 부정'이라는 방법입니다. 단순한 포기가 아니라 의지 그 자체를 조용히 포기하는 것입니다. **'일어나고 싶어'와 '자고 싶어' 둘 다 집착하지 않는 것입니다.**

그저 자연스럽게 필요한 것을 합니다. 어쩌면 선禪은 '무심無心'에 가까운 의지입니다.

◌ 비관론자가 알려주는 지혜

쇼펜하우어는 '페시미스트pessimist, 비관주의자'라고 불렸습니다. 그에게 확실히 철학이란 인생의 괴로움을 직시하는 것입니다. 그러나 이는 절망을 위해서가 아닌, 훨씬 깊이 있는 지혜를 위해서입니다.

아침의 알람 소리 같은 사소한 괴로움 속에서도 인간 존재의 본질이 드러납니다. 우리는 의지로 인해 움직이고 표상의 세계 속에서 살아가며, 괴로움과 지겨움 사이를 오고 갑니다.

그러나 동시에 아름다움에 홀려 나를 잊기도 하고 때로는 의지를 초월한 정숙함을 배우기도 합니다.

이 두 가지를 다 아는 것이 바로, 쇼펜하우어가 말한 '삶의 지혜'입니다.

The Keys to Thinking

**표상으로서의 세상을 멈추는 방법은
의지를 부정하는 것뿐**

신입사원을 원칙대로 가르치면 발전이 없다?

 # 신입사원의 성장이 더딜 때 생각하는 '경험주의와 탐구'

존 듀이 John Dewey, 1859~1952

○ 원칙대로 가르치고 있는데, 왜 발전이 없을까?

4월이 되자, 부서에 신입사원이 들어왔습니다. 의욕이 넘치는 여러분이 교육 담당을 맡았습니다. 완벽한 매뉴얼을 준비하고 업무의 순서를 하나하나 꼼꼼하게 설명했습니다. 그런데 3개월이 지나도, 신입은 지시를 기다리기만 할 뿐입니다. "이제 다음에 무엇을 하면 될까요?"라고 묻기만 할 뿐입니다. 스스로 생각해서 움직일 마음은 없어 보입니다. 대체 그 이유가 무엇일까요?

◌ 지식은 체험에서 탄생한다

미국의 철학자 존 듀이는 'learning by doing^{직접 해보면서 배운다}'이라는 말로 유명합니다. 그는 진정한 학습은 지식을 '가르침으로써' 얻는 것이 아니라, 실제 경험을 통해 이루어진다고 생각했습니다.

신입사원 교육을 생각해 봅시다. 매뉴얼을 암기시키는 것과 실제 업무를 잘할 수 있게 되는 것은 다른 일입니다. 순서를 '알고 있다'라는 것과 상황에 따라 판단하고 행동 '할 수 있는' 것, 이 둘 사이에는 큰 간극이 있습니다.

듀이는 **'생각은 고난이나 혼란에서 시작된다'**라고 말했습니다. **신입사원은 매뉴얼에 없는 상황을 겪을 때, 스스로 생각해야만 할 때 성장합니다.** '곤란한' 경험을 하는 순간이 진정한 배움의 출발점입니다.

◌ 탐구의 과정을 함께 걷기

듀이는 인간의 사고 과정을 '탐구'라고 부르고 다섯 단계로 나누었습니다.

예를 들어, 어느 날 신입사원이 얼굴이 하얗게 질려서는 "고객의 문의인데요. 매뉴얼에 없는 내용입니다."라고 합니다. 대부분의 상사는 곧바로 답을 알려줄 것입니다. 그러나 듀이의 생각은 다릅니다.

우선, 신입사원과 함께 어떤 부분을 모르는지 정리합니다. 문제를 명확히 하면 막연한 불안감이 구체적인 문제로 바뀝니다. 이어서 '어떻게 대응하려 했는지?'를 묻습니다. 처음에는 당황하던 신입사원도 조금씩 자기 나름의 생각을 이야기하기 시작할 것입니다. 이후에는 "그러면, 이 방법을 한번 해볼까?"라며 격려합니다. 결과가 어떻든 간에 함께 검토하는 것 자체가 중요합니다. 일이 잘 해결되면, 자신감이 붙고 실패해도 '왜 잘 안 풀렸는지'를 생각하는 기회가 됩니다.

이러한 일을 반복하면서 '그렇구나, 이 경우에는 이렇게 생각해야 하는구나'라고 깨닫게 됩니다. 이것은 단순한 개별 해결책이 아니라, **문제를 마주하는 방식을 배우는** 일입니다.

○ 실패를 배움으로 바꾸는 직장문화

듀이의 교육철학에서 가장 중요한 것은 **'실패는 학습의 기회'**라는 생각입니다.

대부분의 직장에서는 신입사원의 실수를 막기 위해 노력합니다. 자세한 매뉴얼, 체크리스트, 더블 체크 등으로 대처합니다. 그러나 듀이라면 이러한 방법으로는 진정한 성장은 불가능하다고 할 것입니다.

오히려 필요한 것은 '안전하게 실패할 수 있는 환경'입니다. **작은 실패를 경험하고, 실패한 이유를 되돌아보며 다음번에는 어떻게 해야 하는지 생각합니다. 이를 반복하면 자율적으로 생각하고 행동하는 인재로 기를 수** 있습니다.

어떤 기업은 신입사원에게 소규모 프로젝트를 맡기고

실패해도 다그치지 않는 문화를 만들었습니다. 일주일에 한 번 하는 피드백 시간에는 '무엇을 배웠는지'만을 공유합니다. 그러면, 신입사원은 실패를 두려워하지 않고 도전하고 거기에서부터 많은 것을 배우려고 합니다.

◌ 함께 생각하고 함께 성장하는 조직으로

듀이는 이 '경험에서 배운다'는 자세가 바로, 창조적인 조직을 만드는 열쇠라고 생각했습니다.

상사가 일방적으로 가르치고 부하가 지시를 따르기만 하는 관계는 경직된 조직을 만듭니다. 오히려 **중요한 것은, 각자의 자리에서 의견을 내고 함께 생각하는 문화**입니다.

신입사원의 소소한 질문이 때로는 일의 본질을 재검토하는 계기가 되기도 합니다.

"왜 이 작업이 필요한가요?"라는 질문에 베테랑이 대답을 고민한다면 이는 업무 개선의 기회일지 모릅니다. 신선한 시점과 경험에서 나온 지혜가 만날 때 혁신이 탄생합니다.

오늘날 우리는 AI가 거의 모든 정답을 제시하는 시대에 살고 있습니다. 그러나 듀이의 관점에서 보면, 오히려 이 때문에 새로운 과제가 발생합니다. **정말로 중요한 것은 대답을 아는 것이 아니라, '어떻게 생각할까?'를 발견하는 것**이기 때문입니다.

듀이는 '경험의 지속적인 재구성이다'라고 했습니다. 신입사원은 물론 가르치는 쪽도, 매일매일 하는 경험에서 배우고 성장합니다. 이렇게 배우는 조직은 변화의 시대를 잘 살아갈 힘을 갖게 됩니다.

가르친다는 건, 대답을 알려주는 것이 아니라 함께 탐구하고 함께 성장하는 것. 이것이 진정한 교육입니다.

The Keys to Thinking

경험과 실패가 최고의 교사

생각은 머릿속에서만 하는 것이 아니다?

음악을 들으면서 걸을 때 생각하는 '의식의 흐름'

윌리엄 제임스 William James, 1842-1910

◌ 이어폰에서 흘러나오는 음악과 함께 흘러가는 생각들

아침 출근 시간에 무슨 생각을 하면서 걷고 있나요?

이어폰에서 흘러나오는 음악을 들으면서 전철역까지 길을 걷는 사이에도 머릿속으로는 사실, 다양한 일이 발생합니다. 회사일을 생각하고 있다가, 가사 한 소절에 옛 추억이 떠오르기도 합니다. 그러다 신호등 앞에서 나로 돌아왔다가, 아이의 공부에 대한 걱정이 스쳐 지나가기도 합니다.

　전철역에 도착하고 나서 생각해 보니 오는 길에 어떤 생각을 했는지 정확히 기억나지 않습니다. 분명한 건 다양한 사고나 감정이 마치 강물이 흐르는 것처럼 의식 속을 흘렀다는 것입니다.

　누구나 경험하는 이 현상 속에는 서양 철학이 2000년 전부터 계속 질문한 '의식이란 무엇인가?'라는 의문을 풀어줄 흥미로운 단서가 숨어있습니다. 미국 심리학의 아버지이자 철학자인 윌리엄 제임스는 우리가 일상에서 겪는 의식의 흐름을 관찰하여 기존 이해와는 다른 새로운 발견을 제시했습니다.

◌ 의식은 '흐름'이다

제임스 이전의 철학에서는 대표적으로 데카르트의 '나는 생각한다, 고로 존재한다'처럼 의식은 명확하고 고정적이라고 생각했습니다. 경험론의 흄도 의식을 '인상'과 '관념'이라는 개별 요소로 분해하여 이해하려 했습니다.

　그러나 제임스는 이러한 전통적인 철학의 의식관에 의

문을 품었습니다.

실제 의식체험을 주의 깊게 관찰하면, 그것은 고정적인 요소의 집합이 아니라 끊임없이 모습을 바꾸는 '흐름stream'이라고 했습니다.

음악을 들으면서 걸을 때의 체험이 바로 그것입니다. ==하나의 사고가 다음 사고를 부르고, 감정이 기억을 불러오며, 모든 것이 끊이지 않고 흐릅니다. 어떤 지점에서 선을 그으려 해도 그 경계가 모호합니다. 이렇게 모든 것이 연속으로 이어져 있습니다.==

이 '의식의 흐름'이라는 개념은 20세기의 현상학에드문트 후설Edmund Husserl이나 실존주의장-폴 사르트르Jean-Paul Sartre에도 큰 영향을 끼쳤으며, 인간의 의식 이해에 관한 주장을 근본부터 바꿨습니다.

◯ 음악이 알려주는 '지금'의 범위

음악을 듣고 있을 때 우리는 흥미로운 시간을 경험합니다.

지금 들리는 음악은 엄밀히 말하면 '현재'의 한순간입니다. 그러나 우리는 이전의 소리를 기억하고, 다음에 올 소리를 예측하면서 멜로디로 인식합니다. 만약 우리의 의식에 '지금, 이 순간'만 있다면, 음악은 단순한 음들의 나열에 지나지 않습니다.

제임스는 이것을 '허구적 현재 specious present'라고 불렀습니다. 우리의 '지금'은 사실, 과거의 여운과 다가올 예감이 어우러진, 일정한 범위가 있는 시간입니다.

○ 주의라는 의식의 스포트라이트

이어폰으로 음악을 들으면서 걸으면, 주변 풍경이 점점 바뀝니다. 좋아하는 곡의 클라이맥스가 나오면 음악에 집중하고, 신호를 기다릴 때면 주변으로 주의를 돌립니다. 그러다가 순간 걱정하던 일이 떠오릅니다.

제임스는 이 '주의'의 움직임을 의식의 본질적인 특징으로 중요하게 보았습니다.

의식의 흐름은 균일하지 않습니다. 주의라는 빛이 닿은 곳만이 선명하게 드러나고, 그 밖의 주변은 희미한 어둠 속으로 사라집니다.

이 '주의'와 '주변'의 구별은 나중에 에드문트 후설이 '지향성 intentionality'으로 이론화했으며, 현상학의 중심 개념이 됩니다. **의식은 언제나 '무언가에 대한' 의식이며, 그 '무언가'는 주의에 의해 선택**됩니다.

◯ 신체가 만드는 의식의 리듬

제임스의 가장 독창적인 철학적 공헌 중 하나는 데카르트 이후의 '심신이원론 mind-body dualism'에 대한 새로운 대답을 제시했다는 점입니다.

걸으면서 음악을 들을 때 발걸음은 음악의 박자에 맞춰 바뀝니다. 빠른 템포의 곡이라면 자연스럽게 발걸음이 빨라집니다. 제임스는 **'슬프니까 우는 것이 아니라, 우니까 슬픈 것이다'**라는 유명한 말을 했습니다. 신체와 의식의 불가분한 관계를 보여줍니다.

이러한 생각을 '제임스=랑게 이론 James-Lange theory'이라 부릅니다. 이는 마음과 몸을 별개의 것으로 보아 온 서양 철학의 전통에 커다란 도전장을 내민 이론이었습니다. **의식은 뇌 안에서만 발생하는 것이 아니라, 몸 전체의 상태와 밀접**

한 연관이 있다고 주장했습니다.

몸과 의식의 일체성 (제임스 = 랑게 이론)

몸의 반응	의식 상태
 · 발걸음이 바뀐다 · 호흡의 변화 · 근육의 긴장	 · 기분이 고양된다 · 생각이 활발해진다 · 기억이 선명해진다

 서로 영향을 주고받는다

○ 실용주의와 일상의 철학

제임스는 찰스 샌더스 퍼스Charles Sanders Peirce와 듀이와 함께 미국에서 시작된 철학인 실용주의pragmatism를 창시했습니다. 그리고 진리는 실제의 경험 속에서 유용성을 지닌다고 주장했습니다.

음악을 들으면서 걷는 일상적인 경험에서 의식의 본질을 탐구합니다. 이것이 바로, 실용주의 정신입니다. 추상적인 이론이 아니라 구체적인 경험에서 출발하고 그 경험을 풍부하게 만들기 위해 지혜를 추구합니다.

다음번에 음악을 들으면서 걸을 일이 있다면 내 의식의 흐름을 관찰합시다. 그것은 단순한 심리적인 관찰이 아니라, 데카르트 이후의 의식에 관한 수수께끼에 도전하는 것이며, 철학적 실천입니다.

> **The Keys to Thinking**
> **몸에 끊임없이 흐르는 의식은
> 지금 무엇이 중요한지 일깨워준다.**

모르는 건 창피한 일이 아니다?

아는 척했을 때 생각하는 '무지의 지^知'

소크라테스 Socrates, 기원전 470년경~기원전 399년

◯ 무심코 아는 척하는 순간

오랜만에 모인 친구들과 카페에서 이야기하던 중, 최근 화제가 된 영화 이야기가 나옵니다. 대화가 무르익어 가자, 여러분도 얼떨결에 끼어들어 "아, 그거 잘 알지"라는 말을 한 적이 있지 않나요?

사실은 예고편만을 보았을 뿐인데, 나도 모르게 아는 체를 했습니다. 말을 꺼내자마자 후회했지만, 이미 늦었습니다. 인터넷에서 본 감상이나 평가를 떠올리면서 어떻게든 이야기를 맞춰보려고 했지만, 점점 괴로워집니다.

그 자리에서 빠져나와 돌아오는 길에 자기혐오에 빠집니다. 왜 솔직하게 "아직 못 봤어"라고 말하지 못했을까요.

이렇게 누구나 경험하는 괴로운 순간에 2400년 전 아테네에서 '가장 현명한 사람'이라고 칭송받았던 철학자의 역설적인 지혜가 숨어있습니다.

◯ "모른다"라고 말하지 못하는 우리

왜 우리는 모르는 것을 "모른다"라고 솔직하게 말하지 못할까요?

그것은 자존심, 허영, 평가에 대한 불안 등 다양한 이유를 생각해 볼 수 있습니다.

특히 현대에는 '정보를 가진 사람이 우위'라는 가치관이 강합니다. 그러니 '모른다'라는 것을 부끄러워하기 쉽습니다.

그러나 소크라테스는 반대로 말했습니다. 델포이의 신

탁에서 '소크라테스보다 현명한 자는 없다'라는 말이 나오자, 그는 당황했습니다. **나는 아무것도 모르는데 왜 가장 현명하다고 하는 걸까?** 라고 생각했습니다.

그래서 소크라테스는 자신을 현명하다고 판단한 사람들을 하나하나 찾아갔습니다. 정치가, 시인, 장인 등, 모두 자신감 있게 자기의 지식을 뽐냈습니다. 그러나 추궁하면 할수록 본질적인 것은 아무것도 모른다는 사실이 드러났습니다. 심지어 그들은 본인이 모른다는 사실조차 몰랐습니다.

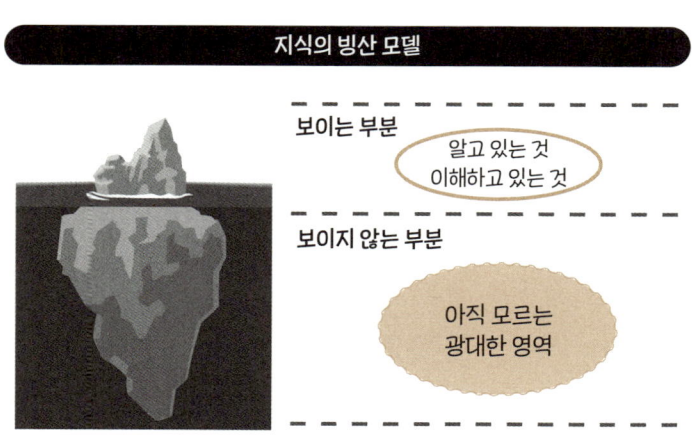

현명한 사람일수록, 수면 아래의 거대함을 알고 있다

○ '무지의 지'라는 역설적인 지혜

소크라테스의 명언 중 **'내가 아는 것은 내가 아무것도 모른다는 사실 뿐이다'** 라는 말이 있습니다. 이것이 그 유명한 '무지의 지'입니다.

언뜻, 겸손이나 정색으로 들릴지 모릅니다. 그러나 이는 깊은 철학적 통찰입니다.

아는 체를 했을 때 그 왠지 모를 찝찝한 마음을 떠올려 봅시다. 마음속 어딘가에서 '정말은 모른다'라는 사실을 알고 있어서 불안한 것입니다. 그 불안한 감정을 인정하고 싶지 않아서 더 아는 체를 합니다.

소크라테스는 이 악순환에서 벗어나는 방법을 제시했습니다. **'모른다'라는 사실을 자각하고 인정하는 것. 이것이 진정한 지식으로 가는 첫 걸음**입니다.

실제로 가장 앞선 연구자일수록 자신이 "모르는 것이 많다"라고 말합니다. 알면 알수록, 미지의 세계의 광대함에 놀라지 않을 수 없습니다. 반대로 조금 알았다고 "전부 알았다"라고 말하는 사람은 진정한 깊이를 모릅니다.

◯ 끊임없는 질문으로 진리에 다가가다

소크라테스의 철학 방법은 '대화법 dialectic method' 또는 '조산술 maieutics'이라고 불립니다.

그의 모친이 분만을 돕는 조산사였다는 데서 붙여진 이름입니다.

조산사가 아기를 꺼내는 것처럼 소크라테스는 대화를 통해 상대방 안에 있는 지혜를 끌어냈다고 합니다. "그것은 어떤 의미?", "왜 그렇게 말할 수 있지?", "정말로 그럴까?" 이렇게 집요하게 질문합니다. 그러면 상대방은 자기의 무지를 깨닫게 됩니다.

오늘날의 우리도 이 방법을 사용합니다. 아는 척을 하는 것처럼 보이면 반대로 질문해 봅니다. "그건 구체적으로 무엇을 말하는 것인가요?", "좀 더 자세히 알려줄 수 있을까요?"라고 질문하면 재미있는 일이 발생합니다. 설명하는 쪽도 사실은 잘 모르고 있다는 사실을 깨닫습니다. 그리고 **함께 '정말 왜 그럴까?'라며 탐구하기 시작합니다.** 바로 이것이 소크라테스가 지향한 진정한 대화입니다.

현대사회에서 '무지의 지'가 가진 가치

정보화 사회인 현대, 우리는 '아는 척'을 하도록 점점 강요를 받습니다. 검색하면 바로 대답이 나오는 시대에 '모른다'라고 대답하면, 마치 게으른 것처럼 보입니다.

그러나 소크라테스의 관점으로 보면, 현대야말로 '무지의 지'가 요구됩니다.

정보의 홍수 속에서 우리는 '알고 있다'라고 쉽게 착각합니다. 인터넷에서 읽은 정보를 진짜 이해했다고 혼동합니다.

진정한 지혜는 정보의 양이 아닙니다. 내 이해의 한계를 알고 항상 질문하는 자세입니다. **'정말 그럴까?', '다른 견해는 없을까?', '나는 무엇을 모르고 있을까?'와 같은 겸허한 자세가 깊이 있는 사고**를 만듭니다.

모른다는 건 부끄러운 일이 아닙니다. 오히려, 가장 현명한 사람의 태도입니다. 왜냐하면 **"모른다"라고 인정하는 순간부터 우리는 배울 수 있기** 때문입니다.

소크라테스는 사는 내내 계속해서 질문했습니다. 그리고 마지막까지 계속 "나는 아무것도 모른다"라고 말했습니다. 이는 포기가 아니라 영원히 배우는 자의 긍지 높은 선언입니다.

The Keys to Thinking

모르는 것을 인정한 순간, 배움의 문이 열린다

5

인생은 나이와 상관없이 가능성으로 가득하다?

게임의 리셋 기능으로 생각하는 '가능성과 현실태'

아리스토텔레스Aristoteles, 기원전 384년~기원전 322년

◌ 다시 한 번 시작할 수 있다면

게임을 하던 중, 되돌릴 수 없는 실수를 했을 때 어떻게 하나요?

소중한 아이템을 팔았다거나, 중요한 선택을 잘못했다거나, 캐릭터 육성에 실패했다거나…이럴 때, 대부분의 사람은 리셋버튼을 누릅니다.

그런데 실제 인생에는 리셋버튼이 없습니다. 연애에서

의 후회, 업무상의 실패 등 그때 다른 선택을 해야 했다며 후회하는 과거는 누구나 있습니다. 그러나 아무리 바라도 과거의 선택은 바꿀 수 없고 잃어버린 시간은 돌아오지 않습니다.

한편 2400년 전 철학자 아리스토텔레스의 관점에서 보면 사실 인생에도 '가능성'이라는 이름의 리셋 기능이 존재한다는 것을 알 수 있습니다. 이 기능은 그가 발견한 '가능태 dynamis, 디나미스'와 '현실태 energeia, 에네르게이아'라는 인생의 선택과 변화를 보는 관점에 숨어있습니다.

○ 씨앗 속에 잠들어 있는 거목의 가능성

아리스토텔레스는 이 세상에 모든 것을 '가능태'와 '현실태'라는 두 가지 상태로 이해했습니다.

도토리를 생각해봅시다. 지금은 작은 씨앗에 불과하지만 현실태, 동시에 큰 떡갈나무가 될 가능성이 있습니다 가능태. 이 **'아직 실현되지 않았지만, 실현가능한 상태'**가 바로, 가능태입니다.

사람도 마찬가지입니다. 이제 막 태어난 아기는 걷지

도, 말하지도 못합니다. 그러나 걷는 능력, 말하는 능력을 가능태로 가지고 있습니다. **성장은 이 가능태가 현실태로 나아가는 과정**입니다.

게임에서 리셋할 때 우리는 '다른 가능성'을 시험해 보고 싶어 합니다. 같은 출발 지점에서 다른 선택을 하면, 결과도 달라진다고 생각합시다. 바로 이것이 아리스토텔레스가 말하는 가능태의 사고방식입니다.

인생은 하나의 길만 있는 것이 아니다

현실 인생에는 리셋버튼이 없습니다. 그러나 아리스토텔레스의 관점에서 보면 우리는 항상 무수히 많은 가능태를 지니고 살고 있습니다.

서른 살에 '늦었어'라고 포기하는 것도 사실, 가능태로서 잠들어 있을 뿐일지 모릅니다. **새로운 일, 새로운 취미, 새로운 인간관계 등 나이에 상관없이 사람은 항상 '잠재된 나'를 안에 숨기고 있습니다.**

아리스토텔레스는 이 가능태에서 현실태로의 변화를 '운동kinēsis, 키네시스'이라고 불렀습니다. 씨앗은 싹을 틔우고, 잎을 펼치며, 마침내 꽃을 피웁니다. 이는 단순한 시간의 경과가 아니라 잠재된 가능성의 실현입니다.

실패했을 때, 우리는 '좀 더 다른 선택을 할 수 있었을지도'라며 후회합니다. 그러나 이러한 인식 자체가 내 안의 다른 가능성이 있었다는 증거입니다. 그리고 **그 가능성이 사라지지 않는다**는 사실이 중요합니다.

당신의 인생 지도 (서른 살의 예)

현재 지점
- ▶ 전직한다 ▶ 관리직(35세) ▶ 창업(40세)
- ▶ 새로운 자격 취득 ▶ 전문가(32세) ▶ 연구자(38세)
- ▶ 취미를 열심히 하기 ▶ 프로급(33세) ▶ 선생님(35세)

- 모든 길은 동시에 존재한다.
- 당신 안에는 지금도, 무수히 많은 '잠재된 나(가능태)'가 잠들어 있다.

◌ 잠재된 목적의 실현

아리스토텔레스는 모든 존재는 '완전한 현실태entelecheia, 엔텔레케이아'가 있다고 생각했습니다. 이는 그 존재가 가장 충실한 형태로 실현된 상태입니다.

도토리의 완전한 현실태는 훌륭한 떡갈나무가 되는 것입니다. 그렇다면, 사람의 완전한 현실태는 무엇일까요?

아리스토텔레스는 그것은 바로 '이성적인 행위 중, 뛰어난 것'이라고 했습니다.

즉, **생각하고 선택하며 행동하는 능력을 최대한으로 발휘하는 것**입니다.

게임은 명확한 목표가 있습니다. 최종 보스를 쓰러뜨리는 것, 최고 득점을 내는 것, 모든 판을 클리어하는 것. 그런데 인생의 목표는 스스로 찾아야 합니다. 이것이 나만의 완전한 현실태입니다.

◌ 현대를 살아가는 가능태 사상思想

아리스토텔레스의 사상은 오늘날의 우리에게 무엇을 가

르쳐줄까요?

먼저, '늦었다'라고 생각하는 것에서 해방될 수 있습니다. 시간은 유한하고 모든 가능성을 실현하는 것은 당연히 불가능합니다. 그러나 **지금 이 순간에도, 여러분 안에는 무수히 많은 가능태가 잠들어 있습니다.**

이어서 실패를 받아들이는 방식을 바꿀 수 있습니다. 게임을 하다가 게임 오버가 떠도, 그저 하나의 가능성을 시험해 봤다고 생각합시다. 인생도 마찬가지입니다. 실패는 **'이 방법은 아니었다'라는 사실을 발견한 것에 불과합니다.**

무엇보다도 하루하루가 작은 리셋 기회라는 점을 깨닫는 것이 중요합니다. 어제의 나와 오늘의 나는 따지고 보면, 다른 사람입니다. **어제 하지 못했던 일을 오늘은 할 수 있을지 모릅니다.** 이는 새로운 가능태가 현실태가 되는 순간입니다.

흔히 '당신에게는 무한의 가능성이 있다'라고 합니다. 그러나 아리스토텔레스라면 현실적으로 **'당신에게는 당신 나름의 가능태가 있다. 그것을 하나씩, 착실하게 현실태로 만들어가라'**라고 말할 것입니다.

게임과 달리, 인생에는 완벽한 리셋이 없습니다. 그러나 꼭 나쁜 점만 있는 건 아닙니다. 왜냐하면, 과거의 경험도 포함해서 모든 것이 현재 나의 가능태를 만들어주었기 때문입니다.

The Keys to Thinking

현실은 가능성이 형태화된 것이다.

상처를 받아 회복이 어려울 때는 어떻게 생각하면 좋을까?

모든 것을 받아들일 때 생각하는 '신즉자연神即自然'

바뤼흐 드 스피노자 Baruch de Spinoza, 1632~1677

◯ 불합리한 일에 직면했을 때

인생에는 도저히 받아들일 수 없는 일이 발생하는 순간이 있습니다.

소중한 사람과의 갑작스러운 이별, 보상받지 못하는 노력, 이유를 알 수 없는 병…. 사람은 이러한 상황에서 '왜 나한테만', '어떻게 이런 일이'라고 생각하며 절망에 빠집니다.

친구는 '시간이 해결해 줄 거야'라고 위로하거나, 가족은 '분명 의미가 있는 일이야'라며 격려해 줄지도 모릅니다. 그러나 속으로는 이해가 되지 않습니다.

그러다 인생의 의미까지 생각하게 됩니다.

그럴 때, 어떤 이는 운명을 저주하기도 하고, 또 다른 이는 신에게 빕니다. 그러나 만약 모든 것이 필연이라고 한다면 또는 발생하는 모든 일이 우주의 완벽한 법칙의 결과라고 한다면, 여러분은 어떤 생각이 드나요?

17세기 네덜란드에서 렌즈를 만들면서 끊임없이 사색한 철학자 스피노자는 이 질문에 놀라운 대답을 제시했습니다.

◌ 모든 것을 하나로 보다

스피노자 철학의 핵심은 '신즉자연 Deus sive Natura 신은 자연이며, 자연은 신이다'이라는 말입니다.

이를 범신론이라 합니다. 신이 자연을 창조했다는 기존의 세계관과는 완전히 다릅니다. 스피노자는 신을 인격신이 아니라, 우주의 법칙 그 자체로 보았습니다. 신과 자연은 같은 하나의 실체입니다.

별도 돌도, 식물과 동물도 그리고 우리 인간도 **이 세계의 모든 것은 유일한 실체신=자연가 빚어낸 다양한 모습에 지나지 않습니다.**

파도가 바다의 일부인 것처럼 우리도 우주라는 커다란 전체의 일부라고 생각하는 것입니다.

이 관점에서 보면 '왜 나에게 이런 일이 일어났지?'라고 묻는 건 의미가 없습니다. 이는 파도가 '왜 나는 지금 이 형태이지?'라고 묻는 것과 같습니다.

모든 것은 유일한 실태

개개의 파도 (우리)

바다 (자연 = 신)

파도는 바다의 일부

- 파도는 바다에서 태어나고 바다로 돌아간다
- 각각 다른 형태이지만, 본질은 같은 물
- 파도가 '왜 이런 형태지?'라고 묻는 것은 무의미

우리도 우주의 일부

- 개별 존재로 보이지만, 사실 전체의 일부
- 기쁨도 괴로움도 사실은 거대한 필연의 결과

○ 자유의지라는 환상

우리는 흔히 우리에게 자유의지가 있다고 믿습니다. 그러나 스피노자는 이것이 환상이라고 말했습니다.

던져진 돌이 날아가고 있을 때, 만약 돌에 의식이 있다면 '나는 지금 내 의지로 날고 있어'라고 생각할 것입니다. 그런데 사실은 던져져서 날아간 것뿐입니다.

사람도 마찬가지입니다. 우리의 행동과 감정은 모두 선행하는 원인이 있고, 그에 따라 필연적으로 결정됩니다. **분노도, 기쁨도, 선택도, 모두 인과의 연쇄 작용에서 발생하는 필연적인 일입니다.**

이는 절망적으로 들릴 수 있겠지만, 스피노자는 여기에서 진정한 자유로 가는 길을 제시했습니다. 바로, **'필연성을 깨닫고' 자유를 얻는 것**입니다. 실연의 괴로움도 '상대방도 나도, 각각 필연성에 따라 행동한 결과'라고 이해하면, 원한이나 후회로부터 자유로워집니다.

○ '영원의 관점'으로 보다

스피노자는 모든 일을 '영원의 관점에서' 보아야 한다고 했습니다. 이는 **눈앞의 사건에서 한 걸음 물러나, 훨씬 거시적인 관점으로 바라보는 것**을 말합니다.

예를 들어, 오늘 실패해서 우울하다면, 10년 후의 나를 떠올려보면 어떨까요? 그러면 분명 '그때의 실패가 있어서 지금의 내가 있다'라고 생각할 수 있습니다.

관점을 더 확장해 봅시다. 100년, 1000년이라는 시간에서 본다면? 개인의 괴로움은 인류의 역사에서는 작은 한 점에 불과합니다.

이는 '어차피 별거 아니다'라고 무시하라는 말이 아닙니다. 오히려 나의 경험도 우주의 큰 이야기 중 일부라고 이해하는 것입니다. 그러면 밤하늘의 별을 올려다봤을 때처럼 신비한 평안함을 느낄 수 있습니다.

한 폭의 그림을 가까이 보면 붓 자국도 신경이 쓰입니다. 그러나 멀리서 보면 아름다운 풍경이 보입니다. 마찬가지로, 인생도 영원의 관점에서 바라보면 모든 일이 저마다 다른 의미를 지니고 있음을 깨닫게 됩니다.

현대를 사는 스피노자의 지혜

스피노자의 사상은 오늘날의 우리에게 시사하는 바가 큽니다.

우선, '왜 나만!'이라는 피해 의식으로부터 자유로워집니다. 모든 일은 우주 법칙의 전개일 뿐이라고 생각할 수 있기 때문입니다.

또한, 타인에 대한 이해가 깊어집니다. 싫어하는 사람도 그 사람 나름의 필연성에 따라 행동한 것입니다. '저 사람도 저렇게 할 수밖에 없었겠지'라고 생각하면, 분노도 사그라듭니다.

무엇보다도, 지금 이 순간을 온전히 받아들일 수 있게 됩니다. **과거를 후회할 일도, 미래를 두려워할 일도, 필연성의 이해 앞에서는 무의미합니다.**

아인슈타인은 스피노자를 무척이나 존경했습니다. 그는 자신이 '신을 믿는다'라고 말할 때의 그 '신'은, 스피노자가 말한 신이라고 했습니다. 우주의 법칙성, 자연의 조화, 바로 그것이 스피노자가 말하는 신입니다.

그러니 다음에 인생에서 불합리한 일이 생겼다면, 그것은 불운이 아니라 우주의 필연적인 전개 과정의 일부라고 생각합시다. 그 필연성을 이해하면 우리는 진정한 평안을 얻을 수 있습니다.

The Keys to Thinking

**모든 것을 신의 일부분이라고 생각하면,
훨씬 즐겁게 살 수 있다.**

'꺾이지 않는 마음'을 갖는 비결은?

 **불합리한 요구를 받았을 때 생각하는 '의무와 운명애**Amor Fati**'**

마르쿠스 아우렐리우스Marcus Aurelius, 121~180

◯ 갑자기 어려운 문제와 마주했을 때

금요일 오후 4시, 오늘 안에 끝내야 하는 업무를 거의 다 했다고 생각했을 때 상사가 찾아와 "이것도 오늘 중으로 부탁해도 될까?"라고 한 적이 있지 않나요?

아무리 생각해도 2시간 안에 끝낼 수 없어 보이는 양입니다. 거절하고 싶지만, 끝내 거절하지 못하는 현실. 분노와 체념이 뒤섞인, 말로는 다 표현할 수 없는 감정을 느껴

본 분도 많을 것입니다.

이럴 때, 여러분이라면 어떻게 하겠습니까? 기분 좋게 일을 받아들이면서, 속으로는 욕을? 아니면 용기를 내서 거절? 그것도 아니면, 조건을 걸고 타협?

사실, 이 누구나 경험하는 '불합리한 요구'에 대한 대처법은 2000년 전, 로마의 황제이자 철학자인 한 인물이 이미 깊이 있고 지혜롭게 대답했습니다.

◌ 최고 권력자조차 불합리함 앞에서는 고민했다

아우렐리우스는 로마 제국의 최전성기를 다스린 황제이자, 철학자로도 잘 알려져 있습니다. 그러나 그의 저서 《명상록Meditations》을 읽으면 의외의 사실을 알 수 있습니다. 최고 권력자조차도 매일 불합리함을 경험했다는 것입니다.

'아침부터 불쾌한 사람, 은혜를 모르는 사람, 오만한 사람, 교활한 사람, 질투심이 많은 사람, 비사교적인 사람들을 만나겠지'

황제라 해도, 귀찮은 인간관계나 불합리한 요구에서 완

전히 자유로울 수는 없었습니다. 오히려 그 자리에 있어서 훨씬 많은 어려움을 겪었는지 모릅니다.

그러나 그는 이러한 난제를 그냥 견디지 않고 다른 관점으로 다시 검토했습니다. 이 관점은 그가 추구한 스토아 철학의 핵심으로 '**자신이 조절할 수 있는 것과 조절할 수 없는 것을 구분**'할 줄 아는 지혜를 말합니다. 스토아 학파는 금욕주의로 알려진 고대 그리스 이후의 철학입니다.

조절할 수 있는 것과 없는 것

상사의 불합리한 요구는 여러분이 조절할 수 없습니다. 상사의 성격도, 사회의 체질도, 돌발적인 조건의 발생도 모두, 여러분의 힘으로는 바꿀 수 없습니다.

그러나 조절할 수 있는 것도 있습니다. 바로, 상황에 대한 여러분 자신의 '해석'과 '대응'입니다.

아우렐리우스는 말했습니다.

"당신을 상처 입히는 것은 사건 그 자체가 아니다. 그 사건을 대하는 당신의 판단이 자신을 상처 입힌다"

불합리한 요구는 그저 사실일 뿐입니다. 이를 '심하다', '부당하다', '나는 피해자다'라고 해석하는 건 여러분의 선택입니다. 같은 상황을 '성장 기회', '신뢰의 증거', '능력 향상의 기회'라는 해석도 가능합니다.

이는 단순한 긍정적 사고가 아닙니다.

스토아 철학의 진수는 '**아모르파티**Amor Fati, 운명애' 즉, 발생하는 모든 일을 받아들이고 그것을 사랑하는 것입니다. 불합리한 요구도 우주의 큰 흐름의 일부입니다. ==스토아 철학자들은 여러분에게 일어난 모든 일에는 분명한 이유와 의미가 반드시 있다==고 보았습니다.

○ 이성적인 대응과 황제의 실천

그런데 아우렐리우스는 모든 것을 묵묵히 받아들이라고 하지는 않았습니다. 이성적으로 상황을 분석하고 최선의 행동을 하기를 추천했습니다.

아우렐리우스라면 불합리한 요구를 받았을 때 먼저, 감정을 가라앉힐 것입니다. '이 분노는 나의 판단에서 생긴 것이다'라고 자각하는 것에서 시작합니다. 이어서 이성적으로 상황을 분석합니다. 정말로 불가능한 일인가, 생각하기에 따라 가능한 일인가, 아니면 부분적으로라면 대응할 수 있는 일인가.

그리고 냉정하게 타협합니다. "이 부분이라면 오늘 중으로 가능합니다" 또는 "전부 다 하려면, 월요일까지 시간이 필요합니다." 이러한 방식으로 타협하는 것입니다. 또는 "우선순위를 정해주실 수 있나요?"라고 상대방에게 판단을 맡길 수도 있습니다.

만약, 타협이 잘 진행되지 않아도 그건 그대로 받아들입니다.

내가 할 수 있는 선에서 최선을 다하고 결과는 우주에 맡깁니다. 이것이 스토아 학파가 말하는 올바른 삶의 방식입니다.

현대를 사는 황제의 지혜

아우렐리우스의 가르침은 현대의 스트레스 관리나 회복탄력성 연구로도 주목받고 있습니다.

인지행동 요법의 기본 원리인 '사건 그 자체가 아니라, 그 사건을 어떻게 인지하는지가 감정을 만든다'라는 사고방식은 그야말로, 스토아 학파를 응용한 부분입니다.

불합리한 요구를 받았다면 우선, 심호흡을 하고 자문합시다. **이것은 정말로 '불합리'한 것인가? 아니면, 나의 해석일**

뿐인가? 이 상황에서 무엇을 배울 수 있을까? 내가 조절할 수 있는 부분은 무엇일까? 그리고 **할 수 있는 일에 집중하고, 할 수 없는 일은 포기합니다.** 이 단순한 원칙은 2000년을 초월해 오늘날 우리를 자유롭게 합니다.

The Keys to Thinking

해야 할 일에 집중하면 상처받을 일이 없다.

COLUMN 4

철학으로 가득한 '일과표'를 만들자

제4장에서 살펴본 것처럼 철학은 특별한 시간이 필요하지 않습니다. 아침에 알람 소리를 시작으로 밤에 잠들 때까지 모든 순간이 철학을 실천하는 때입니다.

저는 밤늦은 시간 마음에 평화가 찾아오면 사고하는 습관이 있습니다. 그러나 이것만이 철학은 아닙니다. 출근길이든 회의 중이든, 가족과 함께하는 시간이든, 모든 순간이 철학적 사유의 기회가 될 수 있습니다. 그러니 여러분의 하루를 철학으로 채울 '철학적 일과표' 만들기를 제안합니다.

【철학적 일과표】

나의 평범한 하루에 철학적 의미를 더해봅시다.

_____

아침(눈을 뜨고~출근)
☐ 알람이 울린다 ➡ '의지와의 갈등을 관찰하는 3분'(쇼펜하우어 타임)
☐ 아침 식사 준비 ➡ '지금 일어나는 일을 모두 필연으로 받아들일 준비'(스피노자 타임)

출근·이동 중
☐ 음악을 들으면서 이동 ➡ '의식의 흐름에 몸을 맡기기'(제임스 타임)
☐ 뉴스 체크 ➡ '정말 그런가? 질문하기'(소크라테스 타임)

업무 중
☐ 부하 직원·후배를 지도 ➡ '가르치는 것이 아닌, 함께 탐구하기'(듀이 타임)
☐ 불합리한 요구에 대한 대응 ➡ '조절할 수 있는 것에 집중하기'(아우렐리우스 타임)

휴식 타임
☐ 동료와의 잡담 ➡ '가능성을 이야기하기'(아우렐리우스 타임)

귀가 후
☐ 하루를 되돌아보기 ➡ '오늘 하루를 말로 하기'(비트겐슈타인 타임)
☐ 취침 전 ➡ '오늘 일어난 모든 일을 즐겁다고 생각하고, 평안한 마음으로

> 잠들기 (에피쿠로스 타임)
>
> ---
>
> 【실천 비결】
> 처음에는 하루에 하나 정도 '철학 타임'을 시작해 봅시다. 제가 추천하는 건 '알람이 울릴 때 하는 쇼펜하우어 타임'입니다. 다시 잠들고 싶은 나와 일어나야 하는 나의 갈등을 마치 다른 사람의 일처럼 관찰합시다. 그러면 신기하게도 괴로움이 줄고 오히려 재미있어집니다.
> 어느 정도 익숙해졌다면, 예상치 못한 사건이 발생했을 때, 철학을 활용해 봅시다.

일상에서도 끊임없이 생각하는 것이 중요합니다. 특별한 망상도 수행도 필요 없습니다. 지금, 이 순간부터 여러분의 하루를 철학으로 채울 수 있습니다.

한편, 이렇게 하루를 철학적으로 지내보면 한 가지 깨닫는 것이 있습니다. 우리의 행동은 결코 개인만으로는 완성되지 않는다는 점입니다. 아침의 출근 전철도, 직장에서의 불합리함도 모두 '사회'라는 큰 무대 위에서 발생합니다.

이어서 제5장에서는 시야를 훨씬 넓혀 사회 안에서 살아가는 우리의 모습을 철학적으로 보도록 합시다. 한 사람으로서 그리고, 사회의 일원으로서 어떻게 살아야 할지. 그 대답을 함께 찾아봅시다.

5장

사람들과 잘 지내기 위해서

—조직과 사회에 가득한 철학

우리는 보이지 않는 실로 조종되고 있다?
명령을 받은 것도 아닌데 러시아워 시간에
정확히 일렬로 승차 합니다.
다른 사람이 빨간 신호에 건너면, 나도 모르게 함께 건넙니다.
자유롭게 살아가고 있지만 사실, 보이지 않는 힘이
나를 조종하고 있습니다.
분명 개인인데 집단으로 살아야 합니다...
우리는 왜 이렇게 '다수'에 휩쓸릴까요?
이번 장에서는 이러한 사람과 사회의 심층 구조를
자세히 살펴보겠습니다.
사회르-는 '무대'의 구조를 알면
훨씬 자유롭고 현명하게 살 수 있습니다.

'군중'에 휩쓸리지 않으려면 필요한 마음가짐은?

빨간 신호를 함께 건너며 생각하는 '군중과 단독자'

쇠렌 키르케고르 Søren Kierkegaard, 1813~1855

◯ 심야의 교차로, 빨간 신호 앞에서 흔들리는 마음

어두운 밤, 귀갓길에 여러분은 교차로의 빨간 신호에 걸려있습니다. 지나가는 차가 한 대도 없습니다. 순간 '건널까?'라고 생각했지만, 일단 그냥 서 있기로 했습니다.

그런데 뒤에서 온 사람이 좌우를 확인하더니 빠르게 건넙니다. 이어서 다른 사람이 건너고, 또 다른 한 사람이 건넙니다.

정신을 차려 보니 빨간 신호에서 혼자 서 있습니다. 어쩐지 기운이 빠집니다. 그리고 다음 순간, 여러분도 건너기 시작합니다. '빨간 신호라도 함께 건너면 무섭지 않다'의 전형적인 예입니다.

다른 날입니다. 인기 있는 라멘집 앞을 지나가다 본 길게 늘어선 줄. '그렇게 맛이 있나?'라며 줄을 서 봅니다. 막상 먹고 보니 '평범하네'라고 실망한 경험도 있습니다. 하지만 사람들이 많이 몰려 있는 모습을 보면 자연스럽게 인기가 많다고 생각하는 것이 바로 사람의 심리입니다.

○ 키르케고르가 경고한 '군중'의 위험성

19세기 덴마크의 철학자 쇠렌 키르케고르. 그는 '실존주의의 아버지'라고 불렸으며, 개인의 삶의 방법을 깊이 탐구했습니다.

키르케고르는 **'군중은 거짓이다'**라는 과격한 말을 했습니다. 왜 거짓일까요? 그 이유는 군중 속에서는 개인이 책임을 피할 수 있기 때문입니다.

빨간 신호에서 건널 때를 생각해 봅시다. 혼자라면 '신호를 무시했다'라는 명확한 책임이 있습니다. 그런데 함께 건너면 '다른 사람도 했다'라고 변명할 수 있습니다.

책임이 가벼워지고 죄악감도 줄어듭니다.

키르케고르는 이를 '윤리적 타락'이라고 했습니다. **군중 속에 섞이면 우리는 자신의 행동을 들여다보지 않게 되고, 선악의 판단을 타인에게 맡기고 사고를 정지하는 위험에 빠질 수 있다**고 했습니다.

그가 이상적으로 본 것은 '단독자'입니다. 군중에서 떨어져 스스로 생각하고 자신의 책임으로 행동하는 사람. 이는 고독하고 불안한 길이지만, 거기에 진정한 존재가 있다고 보았습니다.

○ 왜 우리는 군중에 휩쓸리는가?

현대사회는 키르케고르의 시대 이상으로 '군중화'가 진행 중입니다.

SNS에서는 '좋아요'의 숫자로 가치가 결정됩니다. 이 때문에 사람들은 무작정 유행을 따라가려고 노력합니다. 뉴스에서는 '모든 사람이 주목', '대박이다'라는 말이 난무

하며, 그만큼 중요하다고 주입합니다.

줄을 서는 것도 마찬가지입니다. 줄이 길게 늘어서 있으면, 그만큼 '가치가 있다'라고 느낍니다. 그러나 냉정하게 생각하면, 행렬의 길이와 상품의 질은 필연적인 관계가 없습니다.

키르케고르는 이러한 심리의 근본에 '불안'이 있다고 지적했습니다. **스스로 판단하는 것에 대한 불안, 틀렸을 때의 공포, 고립에 대한 두려움.**

군중에 섞이면 그 불안에서 도망칠 수 있습니다.

'다른 사람과 똑같다'라는 안도감. 그러나 이것은 **내 인생을 타인에게 맡기는 것**입니다.

키르케고르가 살았던 19세기는 산업 혁명으로 도시화가 진행되고, 전통적인 공동체가 붕괴된 시대였습니다. 사람들은 새로운 '군중'을 형성하고 거기에 안주하려 했습니다. 그는 그 위험성을 누구보다 빨리 간파했습니다.

오늘날의 '군중'이라는 환상

'군중'의 정체

- SNS의 트랜드
- 길게 줄이 늘어선 가게
- 화제의 상품
- 여론
- 알고리즘의 산물
- 일부 사람의 선택
- 광고의 영향
- 미디어의 편집

가공된 '군중'을 그저 따라 하고 있을 뿐?
스스로 확인하는 자세가 중요

◌ 단독자로 살아갈 용기

그렇다면 키르케고르의 가르침을 현대에서는 어떻게 실천하면 좋을까요?

우선, '모두가'라는 말을 경계합시다. '모든' 사람이 샀다, '모든' 사람이 했다, '모든' 사람이 말했다. 이때의 '모두'는 정말로 있는 것일까요? 혹은 누군가 만들어낸 환상은 아닐까요?

이어서 **별것 아닌 일에서도 '단독자'를 실천**합시다. 인기 없는 가게에 들어가 보기, 유행이 아닌 것을 선택하기, 줄이 하나도 없는 곳에 서보기. 그 순간 느끼는 불안과 고독이야말로, 나를 온전히 되돌아볼 기회입니다.

그리고 빨간 신호 앞에 멈추는 용기를 가집시다. 차가 오지 않아도 모든 사람이 건넌다고 해도, 나의 판단으로 기다립니다. 이는 별거 아닌 것처럼 보이지만, 사실 '단독자'로 가는 첫걸음입니다.

◌ 고독과 자유의 경계에서

키르케고르는 단독자의 길이 쉽지 않다는 점을 인정했습니다. 군중에서 멀어지는 일은 고독을 받아들이는 일이기도 합니다.

하지만 그는 '군중 속의 안심은 가짜다'라고 말했습니다. **진정한 안정은 나의 선택에 책임을 지고 그 결과를 받아들일 각오에서 탄생합니다.**

'빨간 신호라도 함께 건너면 무섭지 않다' 이 말의 진짜 무서움은 신호를 무시했다는 부분이 아닙니다. 스스로 판단하기를 포기하고 애매하게 책임을 졌다는 데 있습니다.

단독자로서 살아가는 건 때로는 괴롭습니다. 그러나 그 괴로움 속에 진정한 자유가 있을지도 모릅니다.

오늘, 당신은 군중 속의 한 사람입니까? 아니면, 단독자입니까? 이 질문을 생각하며 거리를 걸어봅시다.

The Keys to Thinking

군중에서 단독자가 되었을 때,
진정한 의미의 불안에 맞설 수 있다.

민주주의의 본질은 귀찮음 속에 있다?

동네 반상회에서 생각해 보는 '일반 의지와 사회계약'

장 자크 루소 Jean-Jacques Rousseau, 1712~1778

◯ 일요일 아침, 마을 회관에 모인 사람들

일요일 아침 9시, 동네 주민 모임에 나갑니다. '모처럼 휴일인데'라고 투덜대며 무거운 발걸음으로 마을회관에 갑니다. 회의실에서는 여름 축제 준비에 대한 토의가 시작되었습니다.

'올해도 예년대로 각 가정에서 2만 원씩 모아서…'

'작년에는 남았으니까, 만 5천 원도 괜찮지 않을까요?'

'그런데 텐트 수리비도 필요하니까…'

솔직히 뭘 하든 상관없다며 듣고 있습니다. 그러나 다수결을 진행할 때는 주변 사람에 맞춰 손을 듭니다.

집으로 돌아오면서 생각하니 찝찝한 기분입니다. 관심도 없는 여름 축제에 왜 돈을 내면서 준비를 도와야 할까요? 그런데 내지 않는다는 선택지는 처음부터 머릿속에 없었습니다.

우리 주변에 있는 반상회라는 조직. 사실, 여기에 민주주의와 사회의 근본 문제가 응축되어 있습니다.

루소가 그린 이상적인 '사회계약'

18세기 프랑스의 사상가 장 자크 루소. 그의 《사회 계약론 Theory of Social Contract》은 프랑스 혁명에도 큰 영향을 끼친 민주주의의 고전입니다.

루소는 "사람은 태어나면서 자유로운데, 왜 사회의 규칙에 얽매여 살아가야 할까?"라고 물었습니다.

그는 '사회계약' 때문이라고 했습니다. **사람들이 자발적**

으로 모이고 서로 자유와 안전을 지키기 위해 계약을 맺습니다. 그것이 사회의 시작이라고 했습니다.

반상회에서 있던 일을 떠올려봅시다. 원래 누구도 여러분에게 '회비를 내라', '청소에 참여해라'라고 강요할 권리는 없습니다. 그러나 반상회라는 '계약'에 암묵적으로 참가했기 때문에 의무가 발생한 것입니다.

중요한 점은, 이 계약이 바로 **'일반 의지**volonté générale'를 바탕으로 이루어졌다는 사실입니다. 일반 의지는 단순한 다수결**모두의 의지**이 아닙니다. 공동체 전체의 이익을 목적으로 한 이성적인 의지입니다.

◌ '모두의 의견'과 '모두를 위해'의 차이

루소의 '일반 의지'는 오해하기 쉬운 개념입니다.

반상회의 예를 들면 '여름 축제를 하고 싶은 사람이 많으니 개최한다'라는 것은 단순한 다수결입니다. 그러나 '여름 축제는 지역의 유대를 튼튼히 하고 아이들에게는 추억이 되며, 치안 유지에도 도움이 되니 개최한다'라고 한다면, 이는 일반 의지에 가깝습니다.

즉, **개인적 선호의 평균이 아니라, 공동체 전체에 무엇이 최선인지를 고민하는 것.**

이것이 일반 의지입니다.

현실의 반상회는 종종 이 이상에서 약간 벗어나 있습니다. 목소리가 큰 사람의 의견이 통과되고, 전례를 답습하기 때문에 다른 의견은 낼 수 없습니다. 아마도 루소라면 '일반 의지의 타락'이라며 비판했을 것입니다.

반면, 동시에 반상회는 일반 의지일 가능성도 있습니다. 재해 발생 시의 협동, 아이들의 보호, 고령자의 고립 방지 등의 일은 개인의 이익을 뛰어넘은 공동체의 진정한 이익입니다.

단순한 다수결과 일반 의지의 차이

모두의 의지 (단순한 다수결)	일반 의지 (공동체의 최선)
개인적 욕망의 평균	공동체 전체의 이익
⬇	⬇
'나는 ○○가 하고 싶다' × 인원수	'모든 사람에게 무엇이 최선인가'
⬇	⬇
예시: 여름 축제를 하고 싶은 사람이 많다	예시: 여름 축제는 지역 사람들 간의 유대관계를 좋게 만들고 치안 유지에도 도움이 되니 개최

다수파의 의견이 반드시 '일반 의지'가 아니라는 점에 주의

☼ 우리는 왜 '강제'라고 느낄까?

루소는 '사람은 자유롭도록 강요된다'라는 역설적인 말을 했습니다.

반상회 회비를 내는 건 귀찮습니다. 그러나 그 비용으로 가로등을 정비할 수 있고, 방범 카메라도 설치할 수 있어 결과적으로는 안전도 보장됩니다. 즉, 일시적인 부자유는 훨씬 큰 자유를 만듭니다.

문제는 이 '훨씬 큰 자유'가 잘 보이지 않는다는 점입니다. 회비 사용처가 불투명하거나 일부 사람만 혜택을 받으면, 단순히 강제처럼 느껴질 뿐입니다.

루소가 살았던 18세기는 절대왕정의 시대였습니다. 그는 왕의 자의적인 지배에 대해 '인민주권'이라는 이상을 주장했습니다. 그의 이상 자체는 훌륭했지만, 현실은 복잡했습니다.

오늘날의 우리도 국가에서부터 반상회까지, 다양한 수준의 '사회계약'으로 묶여 있습니다. 그 정당성을 끊임없이 되묻는 노력이 필요합니다.

귀찮아도 중요한 것

반상회는 귀찮습니다. 귀중한 휴일을 써야 하고, 귀찮은 인간관계에 말려들어 돈도 시간도 빼앗깁니다.

하지만 그 귀찮음 속에 민주주의의 본질이 있습니다. **함께 이야기하고, 합의점을 만들고 실행합니다. 루소는 그 과정은 비효율적이지만, 독재보다는 좋다**고 생각했습니다.

현대사회에서는 대부분의 일을 '위임'합니다. 정치는 정치가에게, 지역의 일은 행정에 맡깁니다. 그러나 이렇게 하면 진정한 자유는 얻을 수 없습니다.

여러분이 내는 회비, 쓴 시간, 이 모든 것은 '일반 의지'에 대한 참가비입니다. 완벽하지는 않지만, 함께 만드는 사회로 가는 시작점입니다.

250년 전에 루소가 꿈꾼 이상은 지금도 불완전하지만, 우리의 일상에 살아 숨 쉬고 있습니다.

The Keys to Thinking

일반 의지를 받아들이면, 자유를 얻을 수 있다.

우리는 자발적으로 권력을 따르는 행동을 한다?

 # 건강 검진을 받을 때 생각하는 '규율 권력'

미셸 푸코 Michel Foucault, 1926~1984

◌ 일 년에 한 번 하는 '의식'

올해도 건강 검진 시기가 돌아왔습니다. 회사에서 온 건강 검진 안내문을 받아 보고 여러분은 어떤 기분이 들었습니까?

아침 식사를 건너뛰고, 지정된 시간에 지정된 장소로 갑니다. 접수처에서 번호표를 받고 정해진 순서에 따라 계속 검사를 받습니다.

간호사에게 "네, 심호흡하세요"라는 말을 들으면 심호흡하고 "왼쪽을 향해주세요"라는 말을 들으면 왼쪽을 향합니다. 평소라면 "왜요?"라고 물어보았을 일도 이럴 때는 되묻지 않고 잘 따릅니다.

그리고 마지막에 의사에게 간단한 충고를 듣고 약간의 반성하는 기분을 안고 집에 돌아옵니다.

20세기 프랑스의 철학자 미셸 푸코는 이 낯익은 풍경 속에서 현대사회를 지배하는 새로운 권력의 형태를 발견했습니다. 그것은 바로, 우리를 '건강'이라는 이름으로 관리하는 보이지 않는 권력입니다.

'규율 권력'이라는 새로운 지배

푸코는 근대 이후의 권력을 '규율 권력'이라고 불렀습니다. 이것은 옛날 왕처럼 '위에서 누르는 권력'과는 완전히 다릅니다.

예전의 권력은 '~하지 마시오'라고 금지하고 이를 어기면 벌했습니다. 그러나 규율 권력은 '~하시오'라고 유도하고 잘 따르면 '건강', '정상', '우수'라는 상을 줍니다.

건강 진단은 바로, 이 규율 권력의 전형적인 예시입니다. 아무도 강제로 시키지 않았는데, 우리는 스스로 알아서 진찰을 받습니다. 왜냐하면 '건강하면 좋은 것'이라고 믿고 있기 때문입니다. 하지만, **그 '건강'의 기준은 누가 정한 것일까요?**

BMI, 혈압, 콜레스테롤 수치 등 이른바 '정상 수치'는 사실 역사적으로 변해왔습니다. 옛날에는 정상이었던 수치가 지금은 '요주의'인 경우도 있습니다. 우리가 모르는 사이에 이 변화하는 기준에 우리를 맞추려고 합니다.

◌ 감시당해도 자기 관리하는 우리들

푸코는 18세기의 철학자 제러미 벤담 Jeremy Bentham이 제안한 감옥을 예시로 현대사회의 구조를 설명했습니다.

그 감옥은 '파놉티콘 Panopticon, 전방위 감시시설'이라 불리며, 원형 건물의 중앙에는 감시탑이, 그 주변에는 독방이 원을 이루며 배치되어 있습니다. 감시탑에서는 죄인이 보이지만, 죄인은 감시자를 볼 수 없다는 점이 포인트입니다. 즉, 죄인은 '언제 감시받고 있는지 알 수 없는' 상태입니다.

그러면 흥미로운 일이 발생합니다. 실제로는 아무도 보고 있지 않을 때도, 죄인은 규칙적이고 바르게 행동하려고 합니다. '누군가가 나를 감시하고 있을지도 모른다'라는 생각은 결국, 스스로를 감시하게 만듭니다.

푸코는 바로 이것이 현대사회의 모습이라고 말했습니다. 우리도 마찬가지로 **누군가가 강요하지 않아도 스스로 자처해서 '올바른' 행동을 하게 됩니다.**

스마트 워치가 걸음 수를 기록하고, 체중계가 데이터를 기록하며, 건강 앱으로 식단을 관리합니다. 누가 보고 있는 것도 아닌데 '오늘은 팔천 보 걸었다', '칼로리 오버다'라는 데이터에 일희일비합니다.

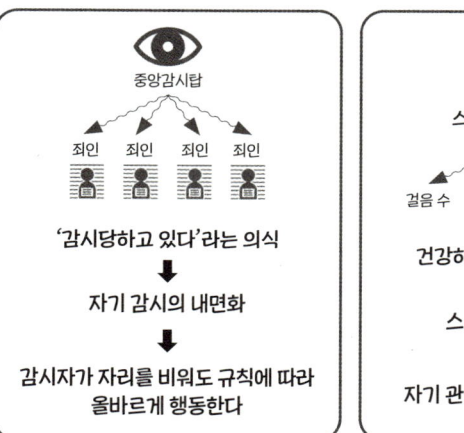
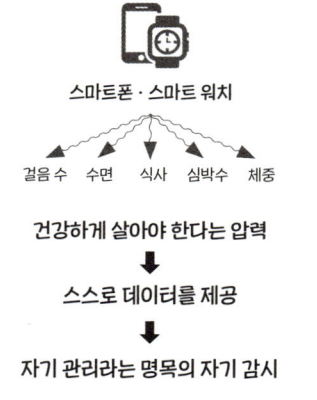

◌ 국가는 개인을 관리한다

푸코는 규율 권력이 좀 더 발전한 형태인 '생명 정치 biopolitics'라는 개념을 창시했습니다. 이는 개인의 신체만이 아니라, 인구 전체를 관리하는 권력입니다.

국가는 생존율, 사망률, 평균 수명, 질병률과 같은 통계를 통해 국민의 '삶'을 관리합니다. 건강 검진 데이터도 개인의 건강관리와 동시에 국민 전체의 건강 상태를 파악하는 수단입니다.

'국가건강검진'을 떠올려봅시다. 개인의 건강을 위해서

라고 하면서, 사실은 의료비 삭감이라는 국가적인 목적이 있습니다. **우리는 '나를 위해'라고 생각하지만, 사실은 '국가를 위해'서도 건강관리를 하고 있는 셈**입니다.

◌ 권력과 그에 대한 저항

그렇다면 우리는 규율 권력의 노예일까요? 푸코는 그렇게 생각하지 않았습니다.

그는 '권력이 있는 곳은 반드시 저항이 있다'라고 말했습니다.

건강 검진을 받는 건 나쁜 일이 아닙니다. **문제는 그것을 무비판으로 받아들이는 것**입니다.

'왜 BMI 25 이상은 비만일까?', '누가 정한 정상 수치인가?', '건강이란 무엇인가?'와 같은 질문을 하는 것이 규율 건강에 대한 저항 표현의 시작입니다.

또한, 획일적인 기준에 나를 맞추지 말고, 내 나름의 '건강'을 정의하는 것이 중요합니다. 수치만이 아닙니다. 예를 들어 생활의 질, 풍족한 마음, 인간관계 등도 포함하여 훨씬 풍요로운 건강 가치관을 가지는 것입니다.

내 몸의 주인은 의사도 국가도 아닌, 바로 나 자신입니다. 건강이라는 가치를 부정하는 것이 아닌 그것을 자기 나름대로 재해석하는 것. 바로 그것이 푸코가 말한 자유로 가는 길입니다.

The Keys to Thinking

**권력의 존재를 의식하면,
지배에 맞서 저항할 수 있다.**

수많은 광고는 내 안의 '진정한 동기'를 반영한 것?

광고를 보고 마음이 움직일 때 생각하는 '무의식과 리비도'

지그문트 프로이트 Sigmund Freud, 1856~1939

◌ 왜 그 상품을 가지고 싶을까?

우리는 하루에도 수많은 광고를 봅니다. 스마트폰에 흘러나오는 동영상 광고, 전철 안에 걸려있는 광고, 텔레비전 CM, 거리의 간판 등 보통은 그냥 지나가지만, 특정 광고만 눈에 들어오기도 합니다. 그러면 반드시 '좋아 보이네', '이거 가지고 싶어'라는 욕구가 생깁니다. 정신을 차려 보니 어느새 스마트폰으로 검색하고 있는 나를 발견합니다.

냉정하게 생각하면 특별히 필요한 물건도 아닙니다. 비슷한 물건을 이미 가지고 있고, 없어도 곤란하지 않습니다. 하지만 어쩐지 강력하게 끌립니다. 이 '어쩐지'라는 부분에 우리의 이성으로는 설명할 수 없는 무언가가 숨어있습니다.

20세기 초반, 인간의 심연을 탐구한 지그문트 프로이드라면 이 현상을 어떻게 설명했을까요? 그가 발견한 '무의식'의 세계는 현대 소비 사회를 이해하는 열쇠입니다.

빙산 아래에 숨겨진 거대한 세계

프로이트는 인간의 마음을 빙산에 비유했습니다. 수면 위에 보이는 부분이 '의식', 수면 아래의 거대한 부분이 '무의식'입니다.

우리는 아마도 자기의 행동은 이성적이라고 굳게 믿고 있을 겁니다. '이건 필요하니까 사야지', '편리해 보이니 사고 싶어'라고 생각합니다. 그러나 프로이트는 **진정한 동기는 무의식 안에 있다**고 말합니다.

예를 들어, 고급 자동차 광고를 보고 갖고 싶다는 생각이 들었습니다. 표면적으로는 '성능이 좋아서', '디자인이 훌륭해서'라고 이유를 붙입니다. 그러나 무의식 아래에서는 '성공한 사람처럼 보이고 싶다', '이성에게 인기가 있었으면', '아버지를 뛰어넘고 싶어'와 같은 훨씬 원시적인 욕구가 발동했을지도 모릅니다.

○ '리비도'가 자극하는 소비 행동

프로이트는 인간 행동의 근본적인 원동력을 **'리비도Libido'** 라고 불렀습니다. 이는 성적인 에너지뿐만 아니라, **살아가는 데 필요한 욕구 활동 전반**을 가리킵니다.

오늘날의 광고는 교묘하게 이 리비도를 건드립니다.

향수 광고는 단순히 '좋은 향기'를 어필하는 것이 아닙니다. 매력적인 모델이 등장하고 로맨틱한 장면을 보여줍니다. 이는 향수를 사용하면 '사랑받는 나', '매력적인 나'가 될 수 있다고 무의식의 욕구를 자극하고 있는 것입니다.

스포츠 드링크 광고도 마찬가지입니다. 땀을 흘리는 운동선수의 모습은 '강해지고 싶어', '건강해지고 싶어'라는 삶에 대한 욕구와 동기를 자극합니다. 갈증을 해소하기 위해서라면 물로 충분합니다. 그러나 우리가 스포츠 드링크를 선택하는 이유는 무의식이 그 이미지에 반응하고 있기 때문입니다.

억압된 것으로의 회귀

프로이트의 중요한 개념 중에 '억압'이 있습니다. 사회적으로 받아들여지지 않는 욕구는 무의식의 제일 안쪽에 저장되어 있습니다. 그러나 억압은 형태를 바꿔서 나타납니다.

현대사회에서는 많은 욕구가 억압받습니다. 예를 들어 '지금보다 자유로워지고 싶어', '책임을 피하고 싶어', '아이로 돌아가고 싶어'와 같은 바람은 어른에게는 부적절합니다.

그러나 광고는 이러한 억압된 욕구에 교묘하게 대답합니다. '자유'를 노래하는 여행 광고, '천진난만함'을 연출하는 과자 CM, '모험심'을 자극하는 아웃도어 용품.

우리는 상품을 사서 억압된 욕구를 안전하게 채우려고 합니다.

◌ '초자아'와의 갈등

프로이트는 마음을 '원초아Id, 충동', '자아Ego, 현실적인 나', '초자아Superego, 이성과 도덕' 이렇게 세 가지로 나누었습니다.

광고를 보고 '갖고 싶어!'라고 생각하는 건 원초아입니다. '그런데 비싸'라고 생각하는 건 자아. 그리고 '쓸데없이 소비하면 안 돼'라고 제지하는 건 초자아입니다.

오늘날의 광고는 이 갈등조차도 계산에 넣습니다. '나에게 주는 선물', '열심히 한 나에게'라는 광고 문구는 초자아의 죄악감을 덜어줍니다. '기간 한정', '지금만 하는 반값 세일'은 자아에게 변명의 기회를 주는 셈입니다.

결과적으로 우리는 욕구를 채우면서 죄악감도 최소한으로 만들 수 있습니다. 광고는 이 심리적인 균형을 교묘하게 조작합니다.

광고의 교묘한 전략

1. 원초아(충동)를 자극
'신상품!'
'한정!'
'대망의 리뉴얼!'
➡ 갖고 싶은 마음

2. 초자아를 이해시킴
'자기 투자입니다'
'가족을 위해서입니다'
'친환경적인 상품입니다'
➡ 죄악감을 해소

3. 자아에게 변명한다
'할부 OK'
'지금만 30% 세일'
'포인트 10배'
➡ 구매해야 하는 현실적인 이유

무의식을 의식하기

그렇다면 우리는 언제까지 광고에 조종당해야 할까요? 프로이트는 '무의식을 의식해야 한다'라고 했습니다.

다음번에 광고를 보면, 꼭 **'왜 이게 갖고 싶을까?', '정말로 상품이 갖고 싶은 걸까? 아니면 이미지에 끌린 것일까?', '어떤 욕구를 채우려고 하는 것일까?'**라고 잠시 나에게 물어봅시다.

이 질문하기는 결코 구매를 부정하는 것이 아닙니다. 오히려 나의 욕구를 이해한 후, 선택하기 위해서입니다. 무의식에 쫓겨 움직이는 것이 아니라 의식적으로 결단을 내리는 것, 그것이 프로이트가 말하는 성숙한 자아의 모습입니다.

현대사회는 프로이트의 시대보다 훨씬 세련된 방법으로 수많은 광고가 우리의 무의식을 조종합니다. 그러므로 자신의 마음을 한층 더 깊이 이해하는 것이 중요합니다.

광고는 적이 아닙니다. 그것은 **우리의 무의식을 반영하는 거울**입니다. 그 거울을 통해서 나도 몰랐던 욕구나 바람을 발견할 수 있습니다.

그 욕구의 주인이 됩시다.

The Keys to Thinking

무의식의 정체를 알면 인생의 만족도가 훨씬 올라간다.

이해타산과 타인에 대한 배려가 공존한다고?

마트의 특가 세일 날에
생각하는 '보이지 않는 손과 공감'

애덤 스미스 Adam Smith, 1723~1790

○ 왜 수요일은 달걀이 쌀까?

수요일 아침, 근처 대형마트 앞에 줄이 길게 늘어서 있습니다. 특가로 나온 '달걀 한 판에 5,000원'을 사려는 사람들입니다. 평소 가격의 50퍼센트로 거의 반값입니다.

그런데 잘 생각해 보면 신기합니다. 대형마트는 왜, 적자를 각오하고 달걀을 싸게 팔까요? 그리고 왜 특정 요일에만? 더 생각해 보면 왜, 대형마트다 다 비슷한 특가판매를 하고 있을까요?

사실, 이 낯익은 풍경 속에는 250년 전 애덤 스미스가 발견한 경제의 기본 원리가 작용하고 있습니다. 이 메커니즘은 신기하게도 누구의 의도도 없었지만, 마치 '보이지 않는 손'에 의해 최적의 결과가 만들어집니다.

○ 이기심이 만든 상호 보완적 관계

애덤 스미스는 《국부론 The Wealth of Nations》에서 그 유명한 '보이지 않는 손'의 개념을 제시했습니다.

'각 개인은 자기의 이익을 추구하고 있을 뿐이지만, 보이지 않는 손에 의해 의도치 않았던 목적이 촉진된다'

대형마트의 특가 세일이 바로 이 경우입니다. 단순히 인심이 좋아서 달걀을 싸게 내놓은 것이 아닙니다. 특가 판매품으로 고객을 불러 모아 사는 김에 다른 상품도 사게 유도합니다. 달걀은 적자지만 전체로 보면 이익입니다. 이것이 '고객 유치 상품로스 리더, Loss Leader' 전략입니다.

한편, 고객도 자기 이익을 추구합니다. 싼값에 달걀을

사고 이참에 필요한 것도 삽니다. 시간과 교통비를 생각해서 한꺼번에 사는게 합리적입니다.

둘 다 자기 이익을 생각해서 행동한 것인데 결과적으로 무엇이 생겼나요? 활기찬 상점가, 신선한 상품 유통, 지역 커뮤니케이션의 장소 등 마치 누군가가 계획한 것처럼 사회적인 가치가 탄생했습니다.

포인트 카드는 현대의 '보이지 않는 손'

심지어 포인트 카드 구조도 매우 교묘합니다.

'오늘 포인트 5배!'라는 광고를 보면 나도 모르게 물건을 더 사게 됩니다. 그러나 냉정하게 계산하면, 5배라고 해도, 실제 포인트 적립률은 2.5퍼센트나 5퍼센트 정도에 불과합니다. 그래도 '이득'이라는 말에 이끌리는 것이 사람의 심리입니다.

마트는 포인트 카드로 고객의 구매 데이터를 수집합니다. 무슨 요일에 어떤 상품을, 얼마만큼 사는지. 그 빅데이터를 분석해서 훨씬 효과적인 진열 방법은 무엇인지, 특가판매 요일은 언제로 할지 설정합니다.

고객은 '포인트가 쌓이면 이득'이라고 생각하고 대형 마트는 '고객 데이터를 얻어서 상품 판매에 활용해야지'라고 생각합니다. **이 이기적인 동기의 조합이 결과적으로 고객의 니즈에 맞는 상품을 진열하는 사회적 가치를 만듭니다.**

◌ 애덤 스미스의 경고

그러나 애덤 스미스는 단순히 시장 만능주의자는 아니었습니다. 예를 들어 그는 《도덕 감정론 The Theory of Moral Sentiments》에서 **인간에게는 '공감' 능력이 있고, 그것이 사회의 기초가 된다**고 설명했습니다.

계산대가 붐빌 때, "먼저 실례하겠습니다"라고 사과하거나 "오늘은 생선이 싸요"라며 모르는 사람끼리 정보를 교환하거나, 사재기를 못 하도록 합니다. 이는 이기심으로는 설명할 수 없습니다.

애덤 스미스가 말하는 '공감'은, 치열한 경쟁 현장을 어떻게든 인간적인 장소로 남을 수 있도록 도와줍니다.

또한, 대형 마트의 진출로 개인 상점이 사라져가는 현

실도 무시할 수 없습니다. '보이지 않는 손'은 효율성을 만들지만, 반드시 지역사회를 풍요롭게 해주지는 않습니다.

'보이지 않는 손'의 한계와 '공감'의 필요성

보이지 않는 손만으로 해결할 수 없는 문제
- 과도한 가격 경쟁
- 대형 매장으로 집중
- 지역 상점가의 쇠퇴
- 독점
- 구매 약자 발생
- 노동환경 악화

→ 이기심만으로는 격차·착취 발생

공감에 근거를 둔 경제활동
- 적정가격을 지불한다
- 지역 상점에서 산다
- 공정 무역 상품을 고른다
- 적정량 구입
- 노동자를 배려한다

→ 공감만으로는 경제가 정체

(둘 다 보기 좋게 균형 잡힌 사회를 만들기)

현명한 소비자로 살기

특가 판매도 포인트 카드도, 마트와 여러분의 이익이 일치하는 구조입니다. 이를 이해하고 현명하게 이용합시다. 필요 이상으로 사지 않기, 정말로 이득인지 따지기, 지역 상품을 우선하기 등을 생각합시다.

'보이지 않는 손'은 편리한 구조이지만, 여기에 너무 휘둘리지 말아야 합니다. '공감'도 해 가면서 도덕적인 소비자가 되어야 합니다. 바로 이것이 애덤 스미스에게서 배워야 하는 지혜입니다.

The Keys to Thinking

훨씬 좋은 경제는 이기심과 타인에 대한
공감으로 만들어진다.

'음모론'에 지혜롭게 맞서는 방법은?

가짜 동영상을 보았을 때 생각하는 '반증 가능성 falsifiability'

칼 포퍼 Karl Popper, 1902~1994

◌ 그것은 정말 진짜일까?

스마트폰 화면을 내리고 있는데 충격적인 영상이 흘러나옵니다. 유명인의 스캔들 영상인 듯 합니다.

댓글 창은 난리가 났습니다. '이거 심하네', '어떻게 이럴 수가'와 같은 비판의 목소리가 넘칩니다. 그런데 잘 보니 어딘지 이상합니다. 표정이 부자연스럽고 목소리가 묘하게 다릅니다.

"이거, AI로 만든 페이크 아니야?"라는 지적도 나옵니다.

진위는 알 수 없습니다. 진짜라고 주장하는 사람은 "○○가 증거다"라고 말하며, 가짜라고 주장하는 사람은 "××가 이상해"라고 반론합니다. 서로의 의견은 팽팽했고 결국, 무엇이 진실인지 모른 채 다음 화제로 넘어갑니다.

이 '진정한 진실을 알 수 없는' 시대에 우리는 어떻게 진위를 파악해야 할까요? 이때, 20세기의 과학철학자인 칼 포퍼의 '반증 가능성'이라는 개념에 훌륭한 답이 숨어있습니다.

과학과 유사 과학을 구분하는 것

포퍼는 '과학적 논리와 그렇지 않은 논리의 차이는 무엇인가?'라는 단순한 의문에서 출발했습니다.

당시에는 프로이트의 정신분석과 마르크스의 역사 이론이 대유행 중이었습니다. 이 이론들의 특징은 어떤 사실도 그들의 이론으로 설명할 수 있다는 점입니다. 환자가 꿈을 꾸면 '억압의 표현'이 되고, 반대로 꾸지 않으면

'강한 억압'이 됩니다. 둘 다 이론은 맞습니다.

반면, 아인슈타인의 상대성이론은 다릅니다. 그는 '만약 이론이 맞는다면 점심 식사 때는 별의 위치가 다르게 보일 것이다'라는 명확한 예측을 제시했습니다. 그리고 만약 관측 결과가 다르면, 이론은 틀린 것이 됩니다.

포퍼는 여기에서 결정적인 차이를 발견했습니다. **정말로 과학적인 이론은 '이것이 발생하면 내 이론은 틀렸다'라는 조건을 다는 것, 즉, '반증 가능'합니다.**

○ 가짜 동영상과 반증 가능성

이 생각을 가짜 동영상 문제에 적용해봅시다.

"이 동영상은 진짜다"라고 주장하는 사람에게 "어떠한 증거가 있으면 가짜라는 것을 인정하겠습니까?"라고 물어봅시다.

만약 "아니, 정말 진짜다", "어떤 증거를 들이대도 믿지 않는다"라고 대답한다면 그것은 과학적인 태도가 아닙니다. **반증을 받아들일 가능성이 없는 주장은 포퍼의 기준으로는**

유사 과학적입니다.

　반대로 '만약 촬영 일시 데이터가 잘못되어 있다면', '만약 원본 영상이 발견된다면' 등의 구체적인 반증 조건을 제시할 수 있다면 그것은 검증이 가능한 주장입니다.

○ 음모론이 퍼지는 이유

오늘날의 인터넷에는 다양한 음모론이 넘칩니다. 이러한 음모론의 공통점은 반증이 가능하다는 점입니다.

　'정부가 진실을 감추고 있다'라는 주장을 생각해 봅시다. 정부가 적극적으로 부정하지 않으면 '역시 숨기고 있어'가 되고, 곧바로 부정하면 '반드시 은폐하고 있어'가 됩니다. 결국, 둘 다 음모론은 '옳다'는 주장이 됩니다.

　포퍼는 이러한 반증 가능한 이론의 위험성을 경고했습니다. **이것은 어떠한 설득력이 있는 것처럼 보이지만 사실, 아무것도 설명도 하지 않은 것**입니다. 왜냐하면, 사실이 어떻든 간에, 그에 맞춰 이론을 수정할 수 있기 때문입니다.

◌ 건전한 회의주의를 추천

그렇다면 우리는 모든 것을 의심해야 할까요? 포퍼는 '아니다'라고 대답했습니다.

그가 제창한 것은 '비판적 합리주의'입니다.

이는 잠정적으로 이론을 받아들이면서, 항상 반증 가능하다는 열려있는 태도를 유지하는 것을 말합니다.

가짜 동영상을 예로 들면, 우선 '이것은 가짜일지도 몰라'라는 건전한 의심에서 시작합니다. 그리고 기술적으로 분석하고, 여러 정보원을 확인하며, 전문가의 의견 등을 모읍니다.

나의 판단도 틀렸을지도 모른다는 것을 인정하는 것이 중요합니다. **'지금 증거로는 진짜라고 생각하지만, 새로운 증거가 나오면 생각을 바꿔야지'라는 유연성이 바로, 포퍼가 말하는 과학적 태도**입니다.

포퍼의 사상은 과학뿐만이 아니라 일상생활에도 적용할 수 있습니다.

나의 신념이나 의견에 '반드시 옳다'라고 생각하는 것이 있을 때 '어떤 사실이 나와야 생각을 바꿀까?'를 자문하는 것입니다.

대답할 수 없다면, 그것은 독단적인 신념일 수 있습니다. 포퍼는 이러한 **독단주의가 바로, 전체주의나 폭력의 온상이 된다**고 경고했습니다.

진실은 의심에서 출발합니다. 그러나 계속 의심하는 것이 목적이 아닙니다.

반증이 가능한 가설을 세우고 증거를 토대로 판단하며, 틀렸다면 수정합니다. 이 과정을 반복하다 보면 의심하는 과정은 어느새 가짜 정보의 바다를 헤쳐 나갈 수 있는 나침반이 되어 줄 것입니다.

반증 가능성과 진위 판정법

과학적 태도
'이것이 가짜라면 인정한다'
반증을 받아들일 가능성
⬇
검증 가능
= 의론 성립

유사 과학적 태도
'반드시 진짜'
무조건 계속 믿는다
⬇
검증 불가능
= 의론이 성립하지 않는다

<u>반증 가능성은 '어떤 증거가 있으면 틀렸다고 인정할 것인가?'를</u>
명확히 제시하는 것

The Keys to Thinking

반증 가능성이 열린 진실만이 진짜 옳다.

5장 • 사람들과 잘 지내기 위해서

가장 위험한 사람은 '생각하지 않는 사람'이다?

누구나 할 수 있는 일을 하며 생각하는 '악의 평범함'

한나 아렌트 Hannah Arendt, 1906~1975

○ '그저 일을 했을 뿐'이라는 말의 무서움

직장에서 문제가 생겼을 때 "저는 그냥 전달받은 대로 일을 했을 뿐인데요"라는 말을 들은 경험이 있나요? 데이터 조작, 부정 판매, 직장 내 괴롭힘을 보고도 침묵하는 등 큰 불상사가 밖으로 드러날 때마다 관계자 대부분은 이렇게 변명합니다.

어쩌면, 말한 것처럼 그 사람 개인은 지시를 따른 것뿐으로 '악인'은 아닐지 모릅니다. 그러나 그 '했을 뿐'이 계속 쌓이면 때로는 되돌릴 수 없는 결과를 초래합니다.

이 '보통 사람이 보통의 일을 한 결과 발생하는 악'에 대해 20세기의 정치철학자인 한나 아렌트는 충격적인 분석을 진행했습니다. 그 분석은 우리 일상에 잠재한 위험의 본모습을 날카롭게 보여주었습니다.

◯ 무서운 악은 흔히 평범한 사람들이 만든다

1961년 아렌트는 나치 전범인 아돌프 아이히만^{Adolf Eichmann}의 재판을 방청했습니다. 수백만 명의 유대인을 강제 수용소로 보낼 운송 계획을 담당한 인물입니다.

많이들 그가 악마 같은 인물이리라 예상했습니다. 그러나 법정에 나타난 사람은 소심하고 어디에도 있을 법한 평범한 중년남성이었습니다. 그는 '나는 명령에 따랐을 뿐이다', '나의 일은 열차 수배였다', '살해는 가담하지 않았다' 등의 주장을 반복했습니다.

아렌트는 충격을 받았습니다. 아이히만은 광신자도 사디스트도 아니었습니다.

그저, 주어진 일을 효율적으로 하는 평범한 관료였습니다.

이 일로 그녀는 '악의 평범함'이라는 개념을 도출했습니다. **가장 무서운 악은 특별한 인간이 하는 것이 아니라, 생각하지 않는 평범한 사람들에 의해 이루어진다**는 뜻입니다.

◌ 사유의 중단이 초래한 '상황'

오늘날의 직장에서도 비슷한 상황이 발생합니다.

'이거 고객을 위한 것일까?'라는 의문을 느끼면서도, 할당량을 달성하기 위해 열심히 영업합니다. '이 광고 너무 과장한 거 아닐까?'라고 생각하지만, 상사의 지시니까 넘깁니다. '이 잔업은 정말로 필요한가?'라고 느끼지만, 모든 사람이 하니까 따릅니다.

하나하나 보면, 그저 타협으로 보일 수 있습니다. 그러나 이것이 반복되면 과로사, 소비자 피해, 기업 불상사와 같은 사건이 발생합니다. 뉴스에서 보는 많은 문제의 근본적인 원인은, 사실 이처럼 '사유의 중단이 초래한 상황'에서 비롯됩니다.

아렌트는 **'악을 행하는 데 악의는 필요 없다. 그저 생각하는 것을 멈추면 된다'**라고 말했습니다.

○ '누구나 할 수 있는 일'의 위험성

아렌트는 완벽한 매뉴얼이 있고, 최종 판단만 윗사람에게 맡기는 '누구나 할 수 있는 일'이 가장 위험하다고 경고했습니다.

업무가 세분화되어 전체를 파악할 수 없게 되면 사람은 자신의 행위가 어떤 의미를 지니는지 생각하지 않게 됩니다.

'나는 데이터를 입력하고 있을 뿐', '서류를 전달했을 뿐', '지시를 전달할 뿐'에서 말하는 '했을 뿐'이 반복되면, 때로는 거대한 악을 만들어냅니다.

아이히만도 '운송 계획을 세웠을 뿐'이었습니다. 그 열차의 행선지에서 무엇이 발생할지, 생각하는 것을 거부한 것입니다.

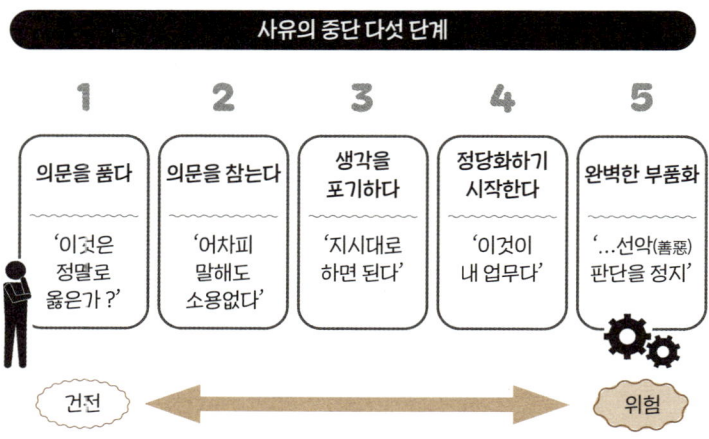

생각의 책임과 자유

그렇다면 어떻게 해야 할까요? 아렌트의 대답은 명확했습니다. '생각할 것'입니다.

즉, 내가 하는 업무의 의미를 묻는 것입니다. 정말로 이 지시는 옳은 것일까? 이 행위로 누군가 상처 입지는 않을까? 전체 업무 중, 내 업무가 무엇인지 끊임없이 생각해야 합니다.

물론, 조직 속에서 이의를 주장하는 건 쉽지 않습니다. 그러나 적어도 내 안에서 끊임없이 질문할 수 있습니다. 그리고 때로는 '이건 이상하다'라고 목소리를 낼 용기도 필요합니다.

아렌트는 사고하는 것은 인간의 존엄이며, 책임이라고 했습니다.

'누구나 할 수 있는 일'이 있어도 그것을 하는 사람은 그 누구도 아닌 '여러분'이기 때문입니다.

그리고 내가 '그저 부품'이라는 것을 부정해야 합니다. 아무리 작은 일이라도 반드시 판단과 책임이 있으며, 책임감의 무게를 받아들이는 것이 인간으로서의 존엄을 유지하는 길이기도 합니다.

아렌트는 전체주의의 공포를 경험한 세대였습니다. 그녀의 경고는 오늘날 우리에게도 해당합니다. 효율과 성과를 추구하는 사회 속에서 생각하는 것을 그만두면, 우리도 알지 못하는 사이에 '악의 평범함'에 가담할지 모릅니다.

고민하고 성찰하는 과정은 때로는 귀찮고 고통을 동반합니다. 그러나 바로 이 과정이 우리를 '악의 평범함'에서 지켜주는 유일한 방패입니다.

The Keys to Thinking

**생각하지 않는다는 건,
그 자체로 악에 동참하는 일.**

**존엄성을 되찾으려면,
먼저 '보잘것없는 나'를 인정해야 한다?**

우주여행을 동경하며 생각하는 '숭고의 감정'

임마누엘 칸트 Immanuel Kant, 1724~1804

◯ 지구를 벗어나고 싶다는 충동

최근 민간 우주여행이 뉴스가 되는 일이 늘었습니다. 아직 일반 사람에게는 먼 단계이지만, 언젠가 우주에 갈 날도 멀지 않았습니다.

이 뉴스를 보고 여러분도 한 번은 상상한 적이 있지 않나요? 캄캄한 우주 공간에 떠 있는 파란 지구. 아름다움과 동시에 느껴지는 압도적인 고독. 무한으로 펼쳐진 우주

속에서 내가 얼마나 작은 존재인지를 상상했을 때 느끼는 두려움 그리고 동시에 동경이 섞인 말로 표현할 수 없는 감정이 밀려옵니다.

18세기의 독일 철학자 임마누엘 칸트는 이 독특한 감정을 '숭고Sublime'라고 이름을 붙이고, 그것이 인간 정신의 위대함을 나타낸다고 생각했습니다.

○ 아름다운 것과 숭고한 것의 차이

칸트는 '아름다움'과 '숭고'를 명확히 구별했습니다.

아름다움은 조화로우며 마음에 안정을 줍니다. 꽃이나 그림, 음악 등은 우리에게 순수한 즐거움을 선사합니다. 그러나 숭고한 것은 다릅니다. 그것은 너무 거대하고 강력해서 우리의 이해를 뛰어넘습니다. **사납게 날뛰는 바다, 우뚝 솟은 산, 끝이 없는 우주. 이것들은 처음에는 우리를 압도하고 무력감을 줍니다.**

그러나 그 무력감을 이렇게 받아들일 수도 있습니다. 바로, '**나는 물리적으로는 작지만, 이 모든 것을 인식하고 생각할 수 있다**'라는 자각입니다.

엄청나게 거대한 것이라도 우리의 상상력은 그것을 포용할 수 있습니다. 이 정신의 무한성이야말로 숭고의 감정이 낳은 최고의 선물입니다.

○ 일상의 괴로움을 초월한 관점

숭고의 감정이 훌륭한 점은 일상의 무거운 짐을 덜어준다는 것입니다.

우리는 업무 실패, 인간관계에서의 어려움, 불안한 미래 등 많은 괴로움을 안고 살아갑니다. 이는 분명히 중요한 문제입니다. 그러나 보름달이 뜬 밤하늘을 올려다보거나, 대자연을 눈앞에 둔 순간, 그 무게가 조금 다르게 느껴지기도 합니다.

이는 문제에서 도망쳐 현실에서 도피한다는 뜻이 아닙니다. **오히려 훨씬 넓은 시야를 가지고 해결을 위한 새로운 길을 찾는 행위**라고 할 수 있습니다.

칸트는 이 숭고함이 보편적으로 누구나 느낄 수 있는 감정임을 강조했습니다.

우주 비행사가 되지 않아도 밤하늘을 올려다보는 것만

으로도 충분합니다. 에베레스트에 오르지 않고 가까운 산에서 바라보는 풍경도 좋습니다. 중요한 건, 그 순간에 느끼는 **'나를 뛰어넘는 무언가'에 대한 경외심**입니다.

그리고 운 좋게도 요즘 시대는 손쉽게 숭고함을 느낄 수 있습니다.

허블 망원경의 동영상 하나로도 우리는 우주의 신비를 접할 수 있습니다. 다큐멘터리 방송에서 지구의 아름다움과 무상함을 느껴볼 수 있습니다.

이러한 체험은 우리의 마음에 넓이와 깊이를 더해 줍니다. 일상의 한계를 초월해 우리가 인류의 일원이자 지구의 생명이며, 우주의 일부로 살아가고 있음을 깨닫게 합니다.

◯ 유대와 희망의 감각

숭고한 감정의 장점은 그것이 반드시 희망과 연결된다는 점입니다.

우주의 광대함을 마주하면, 인류의 다툼은 미미하고 덧

없는 것으로 느껴집니다. 국경도, 민족의 차이도 우주에서 보면 존재하지 않습니다. 우리는 모두 '우주선 지구호'에 탄 승무원입니다.

　이 관점은 고독을 치유하고 연대감을 만듭니다.
　혼자인 것 같지만 같은 밤하늘을 보는 사람이 전 세계에 있습니다. 고향이 지구인 동료가 80억 명이나 있습니다. 이 사실이 깊은 위로와 용기를 줍니다. 이러한 숭고의 감정을 체험하면 여러분의 정신은 일상을 뛰어넘을 힘을 되찾을 수 있습니다.

숭고 체험의 심리 프로세스

Step 1 압도
우주는 너무 광활하다…
물리적으로 나라는 신체에 속박된 작은 존재
(신장 170cm, 수명 80년, 지구에 묶인 존재)

Step 2 무력감
나는 그저 먼지야…
괴로움도, 존재도, 전부 보잘것없는 존재

Step 3 깨달음
하지만…(!)
지금, '무한'을 이렇게 보잘것없는 내가 느끼고 있어

Step 4 숭고
정신은 우주 전체를 품는다!
정신적인 나는 무한을 상상하고, 영원을 생각하며, 우주 전체를 인식한다.

⬇

내 존재의 보잘것 없음과 위대함을 동시에 느끼는 이 모순이 바로 인간의 존엄

○ 테크놀로지 시대의 숭고

오늘날의 테크놀로지는 날로 새로운 형태의 숭고를 만들어냅니다.

VR 고글로 우주를 여행하고, 밤하늘에 가득한 별의 아름다움에 압도됩니다. NASA의 화성 탐사 라이브를 보고 빨간 행성의 황량함에 경외심을 느낍니다. AI의 진화나 양자물리학 뉴스를 보고 상식을 뛰어넘은 세계를 상상합니다. 이는 칸트가 말한 숭고의 개념과 관련이 있습니다.

이 체험은 우리에게 희망을 줍니다. 우주 속에서는 먼지와 같은 작은 존재지만, 우주를 상상함으로써 인류가 하나로 연결되어 있음을 느낄 수 있습니다. 우주를 상상하는 마음을 자각하면, 우주만큼 광활하고 신비로운 나 자신의 마음도 깨달을 수 있습니다.

이처럼 우리 안에 있는 숭고한 감정은 **겸허함과 동시에 인간의 존엄을 느끼게 하는 위대한 능력**입니다.

The Keys to Thinking

 인간은 스스로 하찮은 존재라고 생각할 수 있기 때문에 오히려 위대할 수 있다.

COLUMN 5

철학을 하는 시민이 되자

　이 책을 다 읽은 여러분은 이미 훌륭한 '철학 실천자'입니다. 제5장에서 살펴본 것처럼 사회 안에서 살아간다는 것 그 자체가 철학적 행위입니다.
　그렇다면 이 배움을 개인의 차원을 넘어 사회 전체로 확장하려면 어떻게 해야 할까요?
　제가 철학 카페를 시작한 이유는 '철학은 상아탑에서 거리로 나와야 한다'라는 신념 때문이었습니다. 철학은 전문가의 전유물이 아닌 모든 시민의 것이어야 합니다. 이러한 제 경험에서 제안합니다. 여러분도 오늘부터 시작하는 '철학을 하는 시민'으로 활동하기 바랍니다.

【레벨 1 혼자서도 가능한 사회 철학】

☐ **SNS 철학** : 키르케고르의 '단독자'의 관점으로 유행에 휩쓸리지 않는 글을 써봅시다. '모든 사람이 똑같이 말하고 있는데, 정말일까?' 이 글 하나가, 누군가의 생각을 자극할지도 모릅니다.

☐ **쇼핑 철학** : 애덤 스미스의 관점으로 나의 소비 행동을 다시 봅시다. 지역 상점에서 사기, 공정 무역 제품을 선택하기. 이러한 작은 선택이 '보이지 않는 손'을 좋은 방향으로 이끕니다.

☐ **팩트 체크 습관** : 포퍼의 '반증 가능성'을 평소에 하는 습관을 들입시다. 의심스러운 정보를 보고 '어떤 증거가 있으면, 이것이 가짜라는 걸 알 수 있을까?'라고 자문합시다.

이 관점을 자연스럽게 공유합시다.

【레벨 2 주변 사람과 함께하기】

☐ **가족회의를 철학 카페로** : 한 달에 한 번, 가족끼리 '우리 집에서 중요하게 생각하는 이상적인 가족상은?', '행복한 가족의 조건은?' 등을 이야기합시다. 루소의 '일반의지'를 가정에서 실천합니다. 아이도 훌륭한 철학자가 될 수 있습니다.

☐ **직장에서 질문하기** : '그 일을 왜 하고 있는가?', '누구를 위한 일인가?' 아렌트의 관점에서 관성적으로 하는 반복 작업의 의미를 다시 물어봅시다. 별거 아닌 질문이 직장 분위기를 바꿉니다.

☐ **친구와 철학 산책** : 아리스토텔레스는 걸으면서 생각했습니다. 친구를 불러 '걸으면서 인생을 이야기하는 모임'을 만듭시다. 스마트폰을 끄고 대화에 집중합니다.

【레벨 3 지역에 철학을 퍼뜨리기】

□ **미니철학 카페 개최** : 카페가 아니더라도 마을회관이나 집에서도 가능합니다. 다섯 명 정도 모이면 충분합니다. 주제는 '행복이란?', '돈은 무엇일까?' 등 가까운 주제부터 시작합니다. 사회는 돌아가면서 봅시다.

□ **아이도 참여하는 철학교실** : '공부는 왜 할까?', '친구란 무엇일까?' 아이의 소박한 질문이 바로, 철학의 보물창고. 대답을 가르치는 것이 아니라 함께 생각하는 장소를 만듭시다.

□ **지역 문제를 철학으로 해결** : 쓰레기 문제, 고령화, 상점가의 쇠퇴. 푸코의 권력론이나 밀의 자유론을 활용해서 새로운 관점에서 해결책을 찾읍시다.

【철학 하는 시민이 되는 첫걸음】

우선, 이번 주에 하나씩 실천해 봅시다. 제가 추천하는 건 '질문하기'입니다. 가족이나 동료에게 SNS로 '왜?', '정말로?', '다른 의견은?' 이렇게 질문합시다.

그 질문에 정답은 없습니다. 중요한 건 함께 생각하는 것. 그 순간, 주변에는 작은 '철학 공간'이 탄생합니다.

제5장에서 배웠듯이 사회는 한 사람 한 사람으로 이루어진 집합체입니다. 한 사람이 바뀌면, 사회도 조금씩 변합니다. 철학을 '아는' 단계에서 '사용하는' 단계로 그리고 '퍼뜨리는' 단계로 업그레이드합시다.

스스로 생각하는 시민이 되어, 그 정신을 널리 퍼뜨리는 한 사람이 되지

않겠습니까? 철학은 민주주의의 기초 체력입니다. 그 체력을 함께 길러봅시다!

이 책에 등장하는 철학자

♦ **고대 철학**

기원전 6세기 무렵부터 기원후 6세기 무렵까지의 철학. 주로 그리스·로마 세계에서 발전했으며 '이 세계는 무엇으로 이루어져 있을까?'라는 근본적인 질문에서 시작했다. 소크라테스, 플라톤, 아리스토텔레스가 존재, 지식, 윤리, 정치 등의 기본적인 철학 문제를 체계화했으며 이후, 서양 철학의 토대를 구축했다. 같은 시기에 중국에서는 노자, 공자가 독자적인 사상 체계를 만들었다. 인간의 삶의 방식이나 사회의 모습을 오늘날에도 통용되는 보편적인 통찰을 제시했다.

소크라테스(기원전 470년경~기원전 399년) 4장

고대 그리스 아테네의 철학자로 '철학의 아버지'라고 불린다. 스스로 아무것도 모른다는 것을 알고 있다는 '무지의 지'로 유명하다. 대화로 상대방의 무지를 깨닫게 하는 문답법^{조산술}을 사용했다. 저서는 남기지 않았으며 제자인 플라톤이 《플라톤의 대화편》으로 그의 사상을 전달했다. '너 자신을 알라', '덕^德은 곧 지식이다' 등의 말로 유명하다. 아테네의 젊은이들에게 악영향을 끼쳤다고 하여 사형 판결을 받고 독배를 마시고 죽었다. 철학을 단순한 자연 연구에서 인간의 삶의 방식을 묻는 학문으로 바꾸는 데 공헌했다.

【관련서】《소크라테스의 변론, 플라톤》

플라톤(기원전 427년경~기원전 347년경) 2장

고대 그리스의 철학자. 소크라테스의 제자, 아리스토텔레스의 스승. 서양 철학의 기초를 구축한 가장 중요한 인물 중, 한 명이다. 스승 소크라테스의 사상을 《플라톤의 대화편》으로 기록하고 발전시켰다. 현실 세계는 불완전한 복제품이며 진정한 실재는 '이데아(이상형)'의 세계에 있다는 '이데아론'으로 유명. 《향연》에서는 사랑의 본질을, 《국가》에서는 이상 국가를 이야기했다. 아테네에 '아카데미아'라는 학원을 설립했고 이후 약 900년간 이어졌다. '철학이란 죽음의 연습이다', '동굴의 비유' 등으로 유명하며, 이후 서양 사상에 결정적 영향을 주었다.

【주요 저서】《국가》《향연》《메논》《파이돈》

아리스토텔레스(기원전 384년~기원전 322년) 2장 4장

고대 그리스의 철학자. 플라톤의 제자, 알렉산드로스 대왕의 가정교사. 서양 철학의 '백과사전적 천재'라고 불린다. 스승 플라톤의 이데아론을 비판하고, 현실 세계의 개별 사물 안에 본질이 있다고 했다. 논리학, 윤리학, 정치학, 생물학, 시학 등 다양한 학문 분야를 체계화했다. '인간은 폴리스적 인물이다', '중용의 덕', '가능태와 현실태' 등의 개념으로 유명하다. 아테네에 '리케이온' 학원을 설립. 그 사상은 현대에도 시대와 장소를 초월하여 큰 영향을 끼쳤다.

【주요 저서】《형이상학》《니코마코스 윤리학》

에피쿠로스(기원전 341년경 ~기원전 270년경) 3장

고대 그리스의 철학자. '에피쿠로스파'의 창시자. '쾌락주의'로 유명하지만, 이는 방종한 쾌락이 아닌 마음의 평정$^{ataraxia, 아타락시아}$을 최고의 쾌락으로

하는 사상. '쾌락이란 고통의 소거'라고 정의했으며 최소한의 욕구만을 채우면 진정한 행복을 얻을 수 있다고 했다. '죽음은 우리에게 아무것도 아니다'라고 죽음에 대한 공포를 부정. 아테네에 '에피쿠로스의 정원'이라 불리는 공동체를 설립하고 남녀를 가리지 않고 제자로 받아들였다. 오늘날의 '불필요한 것을 버리고 삶을 가볍게 하는 정리법'과 미니멀리즘의 사상적 원류라고 봐도 좋다. 오해를 받기 쉽지만, 절제와 이성을 중시한 금욕적인 쾌락주의자였다.

【주요 저서】《에피쿠로스의 교설과 편지》

노자(기원전 6세기경) 3장

고대 중국의 사상가. 도가 사상의 창시자. 실재했는지 여러 설이 있지만 《노자 도덕경》의 저자라고 한다. 도道상,相라는 우주의 근본 원리를 이야기하고 '무위자연' 즉, 인위적인 작위를 피하고 자연의 흐름에 따라 사는 것을 이상으로 보았다. '최고의 선은 물과 같다', '유연함이 강함을 제어한다' 등 유연성과 겸허함을 중시했다. 권력이나 명성을 추구하지 않고, 검소하고 조용한 생활을 장려했다. 오늘날의 '타오이즘도교'이나 미니멀리즘의 원류. 적극적으로 사회에 참여하는 유교와 대조적으로 소극적이며 내성적인 인생관을 제시했다.

【주요 저서】《노자 도덕경》

장자(기원전 4세기경) 1장

고대 중국의 사상가. 노자와 함께 도가 사상의 대표자. 본명은 장주莊周. 《장자》의 저자. 꿈에서 나비가 되었고, 그 나비가 인간의 꿈을 보고 있는 것인지 알 수 없다는 '나비의 꿈'이라는 우화로 유명하다. 현실의 꿈, 주관과 객관, 이 둘의 경계의 모호함을 나타냈다. 모든 가치판단은 상대적인 것이므로 본래의 만물은 같은 하나의 것이라는 사상 '만물제동萬物齊同'을 이야기했다. 기성 가치관을 가볍게 초월하는 삶의 방식을 설명했다. 현대의 상대주의 사상의 선구자.
【주요 저서】《장자》

공자(기원전 551년~기원전 479년) 2장
고대 중국의 사상가. 유교의 창시자. 《논어》에 제자들과의 대화가 기록되었다. '인仁'(사람을 사랑하는 것)과 '예禮'(그것을 표현하는 작법)를 중시하고 이성적인 인격 '군자'의 육성을 목표로 했다. '기소불욕 물시어인己所不欲勿施於人(내가 하고 싶지 않은 일을 남에게 시키지 말라)(서恕의 정신)'으로 유명하다. 교육자로의 신분과 상관없이 제자를 받아들여 '학이시습지 불역열호學而時習之 不亦說乎, 배우고 때때로 그것을 익히면 또한 기쁘지 아니한가' 등의 학습에 대한 기쁨을 이야기했다. 동아시아 문화의 정신적인 기반을 구축하고 현대까지 도덕·교육 사상에 큰 영향을 주었다.
【주요 저서】《논어》

마르쿠스 아우렐리우스(121~180) 4장
고대 로마 황제재위 161~180이자 철학자. '철학자 황제'로 불린다. 로마 제국 최전성기인 '오현제'의 마지막 황제로 통치하면서 스토아 학파를 실천했다. 자기 자신에 대한 메모이자 반성문을 기록한 《명상록》으로 유명.
'내가 조절할 수 있는 것과 없는 것을 구분하다', '운명을 사랑하다아모르파티' 등으로 스토아 철학의 정수를 표현했다. '사람을 상처 입히는 것은 사건이 아니라, 그에 대한 판단이다' 등 현대의 인지행동 요법에도 통용하는 통찰을 제시했다. 이상적인 지도자상으로 후세에 영향을 주었다.
【주요 저서】《명상록》

> ♦ **근세철학**
>
> 16서기 후반부터 18세기에 사이의 철학. 중세 기독교적 세계관에서 탈피하고 인간 이성을 중시했다. 과학혁명과 종교개혁을 배경으로 '사람은 무엇을 알 수 있을까?'를 근본적으로 질문했다. 데카르트를 시작으로 하는 대륙 합리주의와 존 로크가 완성한 영국 경험주의가 대립한 것이 특징. 계몽사상으로 이어지며 근대적인 개인관·사회관의 기초를 구축했다.

르네 데카르트(1596~1650) 1장

프랑스의 철학자이자 수학자. '근대 철학의 아버지'라고 불린다. 다양한 것을 철저하게 의심하는 '방법적 회의'를 시작으로 '나는 생각한다, 고로 존재한다'를 드출했으며 확실한 지식의 기반을 확립했다. 마음과 신체를 별개의 실체로 보는 심신이원론을 제창했다. 《방법론》《성찰》 등의 주요 저서가 있으며 근대철학의 출발점을 구축했다. 수학 분야에서는 해석기하학을 창시했으며 데카르트 좌표Descartes coordinates를 발명하기도 했다. 기계론적 자연관의 혼-립자로 과학혁명에도 공헌했다.
【주요 저서】《방법론》《성찰》《정념론》

블레즈 파스칼(1623~1662) 1장

프랑스의 수학자, 물리학자, 사상가. 확률론의 창시자로 수학 역사에 이름을 남겼다. '인간은 생각하는 갈대'라는 말로 유명하다. 신의 존재를 확률론으로 이야기한 '파스칼의 내기Pascal's Wager', 이성의 한계를 나타낸 단편집 《팡세》로 유명하다. 과학자로는 기압 연구, 계산기 발명 등의 업적을 남겼고 만년에는 종교적 사색에 전념했다. 과학과 신앙의 관계를 깊이 고찰하고 이성과 심정, 이 두 가지 측면에서 인간 존재를 탐구했다.

【주요 저서】《팡세》

프란시스 베이컨(1561~1626) 3장

영국 철학자, 정치가. 그의 사상은 '지식은 힘이다'의 격언에 담겨있다. 근대 과학방법론의 확립자로 '경험론의 아버지'로 불린다. 인간의 인식을 막는 '네 개의 우상'이 있다고 지적했으며, 선입관이나 편견을 배제하는 것이 중요하다고 강조했다. 경험과 관찰을 토대로 귀납법을 제창했으며 아리스토텔레스 이후의 연역법적 방법론에 대항했다. 《신기관Novum Organum》 등의 저서로 현대 실험 과학의 이론적 기초를 마련했다. 정치가로서도 활약했으며 대법관을 역임했다.

【주요 저서】《신기관》

존 로크(1632~1704) 3장

영국의 철학자. 영국 경험론의 완성자. 주요 저서인 《인간오성론An Essay Concerning Human Understanding》에서 마음을 선천적인 '백지타불라 라사, Tabula Rasa'로 보았으며, 모든 지식은 감각 경험에서 얻는다는 인식론을 전개했다. 또한, 생득관념설innate ideas을 부정하고 관념의 기원을 경험에서 찾았다. 정치철학에서는 《통치론Two Treatises of Government》에서 사회계약설과 소유권 이론을 전개하고 정부의 정통성을 인민의 동의에서 찾았다. 종교관용론도 제창했으며, 미국 독립 선언이나 프랑스 인권 선언에 사상적 영향을 주었다.

【주요 저서】《시민정부론》

바뤼흐 드 스피노자(1632~1677) 4장

네덜란드의 철학자. 유대교 공동체로부터 파문당한 이단 사상가. 주요 저서인 《에티카》에서 신과 자연을 동일시하는 '신즉자연神卽自然'의 범신론을 전개했다. 모든 존재는 유일한 실체신=자연의 상태이며, 인간의 자유의지는 환상이다. 모든 것은 필연적인 인과법칙에 따른다고 이야기했다. 또한, 이 필연성의 인식이야말로 진정한 자유로 가는 일이라고 말했다. 감정을 기하학적 방법으로 분석하고 이성에 따른 감정의 제어를 이야기하며 '영원이라는 관점에서' 사물을 바라보면 마음의 평안을 얻을 수 있다고 했다. 렌즈를 만드는 생업을 하면서 끊임없이 사색했으며, 생전에는 위험한 사상가로 경계 대상으로 취급받았지만, 독일 관념론이나 물리학자인 아인슈타인 등 후세에 엄청난 영향을 끼쳤다.

【주요 저서】《에티카》

데이비드 흄(1711~1776) 1장 2장

스코틀랜드의 철학자. 영국 경험론을 강력하게 추천한 회의론자. 인과관계도 객관적 필연성이 아닌 '습관'에 토대를 둔 심리적 연상에 불과하다고 보았다. 기존의 형이상학을 근본부터 비판했다. 《인간 본성에 관한 논고》에서 인식론을, 《도덕 원리에 관한 탐구》에서는 윤리학을 전개했다. 이성보다 감정을 중시하고 도덕 판단의 기초를 공감에서 찾았다. '인상'과 '관념'을 구별하여 의식의 구조를 정밀하게 분석했다. 철저한 회의론으로 그 '독단의 안일함'에서 벗어날 수 있게 하였다.
【주요 저서】《인간 본성에 관한 논고》

장 자크 루소(1712~1778) 5장

프랑스의 사상가이자 작가. '사람은 선천적으로 자유롭지만, 어떤 부분에서는 얽매여있다'라는 말로 시작하는 《사회계약론》에서 인민 주권론을 전개했으며, 민주주의 사상의 기초를 마련했다. '일반의지'의 개념을 제시하고 프랑스 혁명에 사상적 영향을 끼쳤다. 교육론 《에밀》에서는 자연 교육을 제창했으며, 근대 교육학의 출발점이 되었다. 《고백》에서는 내면을 있는 그대로 묘사했으며, 근대적 자아의 문학적 표현에 있어서 선구자가 되었다. 계몽사상을 비판하기도 했다.
【주요 저서】《사회계약론》《에밀》

애덤 스미스(1723~1790) 5장

스코틀랜드의 도덕철학자이자, 경제학자. '경제학의 아버지'로 불린다. 주요 저서인 《국부론》에서 자유시장경제의 원리를 체계화했으며, 개인의 이기심이 '보이지 않는 손'에 이끌려 사회 전체의 이익을 가져온다는 이론을 제시했다. 노동가치설, 분업론, 자유무역론을 전개하고 현대 경제학의 기초를 만들었다. 한편, 《도덕감정론》에서는 인간의 공감능력을 중시하고 경제활동의 도덕적 기초도 구축했다. 공리주의적인 인간관이 아니라, 사회적 존재로서 인간을 종합적으로 고찰한 사상가였다.
【주요 저서】《도덕감정론》《국부론》

> ◆ **근대독일철학**
> 18세기 후반부터 19세기에 독일에서 전개된 철학. 칸트의 '비판철학'을 시작으로 인간 이성의 가능성과 한계를 철저하게 탐구했다. 기존의 경험론과 합리주의를 통합하고 인식론, 도덕철학, 미학을 체계화했다. 이후 헤겔은 절대정신의 변증법적 발전으로서의 역사와 현실을 파악하는 위대한 체계를 구축했다. 한편, 쇼펜하우어나 니체는 이성 중심주의에 대한 비판으로 의지나 삶의 철학을 전개했다. 서양 철학의 정점을 형성하고 현대사상의 출발점이 되었다.

임마누엘 칸트(1724~1804) 1장 5장

독일의 철학자. '비판철학'의 창시자.《순수이성비판》《실천이성비판》《판단력비판》이라는 '삼비판서三批判書'로 유명하다. '물자체 Ding an sich'와 '현상 Phenomena'을 구별하고 인간은 현상만을 인식할 수 있다고 했다. 도덕법칙의 근거를 '정언명법'에서 찾았으며 '네 의지의 준칙이 보편적 법칙이 되도록 행위하라'라고 말했다. 아름다움과 숭고의 이론, 영구 평화론 등도 전개했다. 근대철학의 집대성자이며 이후 모든 철학에 결정적 영향을 끼쳤다.

[주요 저서]《판단력비판》《순수이성비판》

G·W·F·헤겔(1770~1831) 1장 2장

독일의 철학자. 독일 관념론의 완성자. '변증법'으로 유명. 정테제, 반안티테제, 합진테제의 과정을 통해 '절대정신'이 자아 실현된다고 주장했다. 역사, 국가, 예술, 종교, 철학 모든 것을 이 이론으로 체계화했다. '이성적인 것은 현실적이며, 현실적인 것은 이성적이다'라고 하며 현실 긍정적인 사상을 전개했다. 마르크스나 키르케고르 등 이후의 사상가에게 큰 영향을 끼쳤다.

[주요 저서] 《정신현상학》《법철학 강요》

아르투어 쇼펜하우어(1788~1860) 4장

독일의 철학자. 주요 저서로는 《의지와 표상으로서의 세계》로 칸트 철학을 독자적으로 발전시켰다. 세상을 '표상'^{인식된 현상}과 '의지'^{물자체의 본질}로 나누어, 맹목적인 의지가 인생을 고통스럽게 만드는 근원이라고 했다. '인생은 고통과 따분함 사이를 오가는 진자처럼 흔들린다'라고 설명했다. 예술에 의한 일시적 해설과 의지를 부정함으로써 구제될 수 있다고 이야기했다. 불교 사상의 영향을 받은 서양의 첫 비관주의철학자. 니체에게 영향을 끼쳤다.

[주요 저서] 《의지와 표상으로서의 세계》

프리드리히 니체(1844~1900) 3장

독일의 철학자. '신은 죽었다'라고 선언하여 기존의 가치 체계의 붕괴를 알렸다. 기독교의 도덕을 '노예도덕'이라고 비판하며 '초인'사상이나 '힘에 대한 의지'를 주장했다.

'영원회귀', '운명애' 등 독창적 개념을 전개. 기존 철학의 체계성을 거부하고 아포리즘 형식으로 사상을 표현했다. 실존주의, 포스트모던 사상의 선구자로 20세기 사상에 절대적인 영향을 끼쳤다. 만년에는 정신적으로 좋지 않아 병상에 누워서 사색과 집필을 이어나갔다.

[주요 저서] 《차라투스트라는 이렇게 말했다》

◆ 19~20세기 철학

근대철학의 이성 중심에 대한 반발에서 다양화가 진행되었다. 실존주의는 개인의 주체적 선택을 중시하고, 분석철학은 언어분석을 통해 개념의 명료화를 지향했다. 사회사상은 산업화에 동반하는 사회문제에 응답했으며, 심리학은 무의식의 발견으로 인간 이해를 심화했다.

미국 철학은 실용성을 중시하고 현대사상은 권력이나 언어의 비판적 분석을 전개했다. 기존의 형이상학적 체계로부터 탈피하고 인간의 구체적 경험이나 사회적 실천에 뿌리를 둔 사상이 특징.

쇠렌 키르케고르(1813~1855) 5장

덴마크의 철학자이자 신학자. '실존주의의 아버지'라고 불린다. 헤겔의 체계 철학에 대해 '단독자'로서 개인의 주체적 선택을 중시했다. '불안', '절망', '죽음에 이르는 병' 등의 개념으로 인간의 실존적 상황을 분석했다. '미적·윤리적·종교적'인 실존의 3단계를 제시했다. '군중은 거짓이다'라며 대중사회를 비판했다. 사르트르, 하이데거 등 20세기 실존주의에 결정적인 영향을 주었다.

[주요 저서] 《죽음에 이르는 병》《불안의 개념》

장 폴 사르트르(1905~1980) 1장

프랑스의 철학자이자 작가. 20세기 실존주의의 대표자. '실존은 본질적으로 우위에 선다'라고 인간의 자유와 책임을 이야기했다. '인간은 자유라는 형벌을 받고 있다'라는 말로 유명하다. 《존재와 무》에서 실존분석을 전개하고 《구토》 등의 소설로도 사상을 표현했다. 작가 시몬 드 보부아르^{Simone de}

Beauvoir와 연인 관계로도 알려져 있다. 반식민지주의, 반전운동에도 적극적으로 관여. 권위를 싫어해 노벨문학상을 거절한 에피소드도 유명하다.
【주요 저서】《존재와 무》《구토》

마르틴 하이데거(1889~1976) 1장 2장
독일의 철학자. 20세기 최대의 철학자로 칭송받는다. 주요 저서인 《존재와 시간》에서 '존재'의 의미를 근본적으로 질문했다. 인간을 '현존재Dasein'로 분석하고 '세계 내 존재', '기분', '죽음에의 선구' 등의 개념을 전개했다. 후기는 언어와 존재의 관계를 탐구했으며 '존재의 망각'을 비판하고, 기술문명에 관해 경고했다. 현상학, 해석학, 포스트모던 사상에 큰 영향을 끼쳤으나 나치와의 관계로 인해 논쟁이 일었다.
【주요 저서】《존재와 시간》《강연과 논문 중》

칼 마르크스(1818~1883) 3장
독일의 사상가 겸 경제학자. 마르크스주의의 창시자.《자본론》에서 자본주의 경제를 분석하고 노동가치설과 잉여가치론을 전개했다. 역사를 계급투쟁의 과정으로 보는 사적유물론을 주장했다. 프롤레타리아 혁명으로 공산주의 사회의 실현을 예언했다. 엥겔스와의 공동 저서인 《공산당선언》에서 '만국의 노동자여, 단결해라'라고 주장했다. 20세기 사회주의혁명에 이론적 기반을 제공하고 현대사회 비판의 출발점이 되었다.
【주요 저서】《공산당선언》《자본론》

존 스튜어트 밀(1806~1873) 2장
영국의 철학자이자 경제학자 겸 정치가. 고전적 자유주의의 대표자.《자유론》에서 '타자위해의 원리'를 제시하고 개인의 자유의 한계를 논했다. 공리주의를 발전시키고 '질적 쾌락주의'를 전개했다. 《여성 해방》에서는 남녀평등을 주장한 선구자이기도 했다.

귀납법의 체계화, 대의제민주주의의 이론적인 기초도 구축했다. 현대의 자유민주주의 사상의 중요한 원류가 되었다.

【주요 저서】《자유론》

지그문트 프로이트(1856~1939) 5장

오스트리아의 정신과 의사, 정신분석학의 창시자. 무의식을 발견하여 인간에 대한 이해를 혁명적으로 바꾸었다. 마음을 '의식', '전의식', '무의식' 또는 '원초아', '자아', '초자아'로 분석했다. 꿈 분석, 자유연상법으로 무의식을 깊이 탐구했다. '오이디푸스 콤플렉스Oedipus complex', '리비도' 등의 개념으로 인간의 성적 충동을 중요하게 생각했다. 문명론, 종교론도 전개했다. 20세기의 인문·사회과학 전반에 방대한 영향을 끼쳤다.

【주요 저서】《꿈의 해석》《정신분석 강의》

알프레드 아들러(1870~1937) 2장

오스트리아의 정신과 의사, 심리학자. 개인심리학의 창시자. 프로이트와 결별하고 성적 충동보다도 '열등감'과 '우월에 대한 의지'를 인간 행동의 동기로 보았다. '개인의 전체성', '목적론적 사고'를 중요하게 생각했으며, 과거보다도 미래지향의 치료법을 전개했다.

자기계발서인 《미움 받을 용기》로 최근 다시 주목받았다. '과제 분리', '공동체 감각' 등의 개념을 제시했다. 오늘날의 상담이나 교육에 큰 영향을 끼쳤다.

[주요 저서] 《살기 위해 중요한 것》

윌리엄 제임스(1842~1910) 4장

미국의 심리학자 겸 철학자. '미국 심리학의 아버지'라고 불린다. 실용주의 철학의 창시자 중 한 사람. '의식의 흐름'이라는 개념으로 의식의 연속성을 강조했다. '진리란 유용성이다'라는 실용주의적 진리관을 제시했다. 종교적 경험의 심리학적 연구도 했으며 《종교적 경험의 다양성》을 저술했다. 현상학과 실존주의에도 영향을 끼친 다원적 사상가다.

[주요 저서] 《실용주의》《종교적 경험의 다양성》

존 듀이(1859~1952) 4장

미국의 철학자 겸 교육학자. 실용주의의 발전에 기여했다. 'Learning by doing직접 해서 배운다'라는 말로 유명한 경험주의 교육론을 전개했다. 지식과 행동, 이론과 실천의 통일을 중시했으며 문제 해결로서의 사고 과정을 분석했다.

민주주의 교육의 이론적 기초를 구축하고 진보주의 교육 운동을 추진했다. 철학을 사회개혁의 수단으로 보고 실천적 지성의 중요성을 주장했다.

[주요 저서] 《학교와 사회》《민주주의와 교육》

루트비히 비트겐슈타인(1889~1951) 3장

오스트리아에서 태어난 철학자. 20세기 분석철학의 거인. 전기의 《논리—철학 논고》에서는 언어와 세계의 논리적 구조를 분석하고 '말할 수 없는 것에 대해서는 침묵해야 한다'라는 결론을 내렸다. 후기의 《철학탐구》에서는 '언어게임'론을 전개하고, 언어의 의미는 사용에 있다고 보았다. 그는 기존 철학의 많은 문제가 '언어의 오용'에서 비롯된 것으로 보고, 이를 해결하려 했다. 현대의 언어철학, 마음 철학에 결정적 영향을 끼쳤다.
【주요 저서】《논리─철학 논고》

칼 포퍼(1902~1994) 5장

오스트리아에서 태어난 과학철학자. '반증 가능성'에 의한 과학과 유사 과학의 경계 설정으로 유명하다. 과학 이론은 증명이 아닌 반박을 견딤으로써 발전한다고 주장했다.

'비판적 합리주의'를 제창하고 도그마를 배제함으로써 시작되는 의론을 중시했다. 정치철학에서는 '열린사회'를 이상으로 삼았으며 전체주의를 비판했다. 귀납법의 문제, 역사주의의 빈곤 등도 이야기했으며, 20세기 과학철학의 기초를 구축했다.
【주요 저서】《열린사회와 그 적들 1·2》

한나 아렌트(1906~1975) 5장

유대계 독일인 정치 사상가. 나치 체험으로부터 전체주의의 본질을 분석한 《전체주의의 기원》으로 유명하다. '악의 평범함'이라는 개념으로 아이히만 재판을 분석했다. 사고를 멈춘 평범한 사람에 의한 악을 지적했다. 《인간의 조건》에서는 노동·일·활동을 구별하고 정치적 활동의 의의를 강조했다. 근대 사회의 '세계 소외'를 비판했으며 공적 영역의 복권을 주장했다. 현대정치학에 큰 영향을 끼쳤다.
【주요 저서】《인간의 조건》《책임과 판단》

미셸 푸코(1926~1984) 5장

프랑스의 철학자, 사상 사학자. 권력과 앎의 관계를 분석한 현대사상의 대표자. 《광기의 역사》《감시와 처벌―감옥의 탄생》 등으로 근대의 이성과 인도주의를 비판적으로 검토했다. '규율권력', '생명 정치' 등의 개념으로 현대사회의 권력 메커니즘을 분석했다. '주체', '진리', '권력'의 상호 관계를 역사적으로 해명하고 기존의 인간 중심주의 사고를 근본적으로 되물었다. 포스트모던 사상의 선구자로 영향력이 큰 있는 인물이다.

【주요 저서】《감시와 처벌―감옥의 탄생》《광기의 역사》